Collins

WJEC GCSE

Welsh as a Second Language

Workbook

Jo Knell

Revision Tips

Rethink Revision

Have you ever taken part in a quiz and thought '*I know this*!', but, despite frantically racking your brain, you just couldn't come up with the answer?

It's very frustrating when this happens, but in a fun situation it doesn't really matter. However, in your GCSE exams, it will be essential that you can recall the relevant information quickly when you need to.

Most students think that revision is about making sure you **know** stuff. Of course, this is important, but it is also about becoming confident that you can **retain** that *stuff* over time and **recall** it quickly when needed.

Revision That Really Works

Experts have discovered that there are two techniques that help with all of these things and consistently produce better results in exams compared to other revision techniques.

Applying these techniques to your GCSE revision will ensure you get better results in your exams and will have all the relevant knowledge at your fingertips when you start studying for further qualifications, like AS and A Levels, or begin work.

It really isn't rocket science either – you simply need to:

- **test yourself** on each topic as many times as possible
- **leave a gap** between the test sessions.

It is most effective if you leave a good period of time between the test sessions, e.g. between a week and a month. The idea is that just as you start to forget the information, you force yourself to recall it again, keeping it fresh in your mind.

Three Essential Revision Tips

1. **Use Your Time Wisely**

   - Allow yourself plenty of time.
   - Try to start revising six months before your exams – it's more effective and less stressful.
   - Your revision time is precious so use it wisely – using the techniques described on this page will ensure you revise effectively and efficiently and get the best results.
   - Don't waste time re-reading the same information over and over again – it's time-consuming and not effective!

2. **Make a Plan**

   - Identify all the topics you need to revise.
   - Plan at least five sessions for each topic.
   - One hour should be ample time to test yourself on the key ideas for a topic.
   - Spread out the practice sessions for each topic – the optimum time to leave between each session is about one month but, if this isn't possible, just make the gaps as big as realistically possible.

3. **Test Yourself**

   - Methods for testing yourself include: quizzes, practice questions, flashcards, past papers, explaining a topic to someone else, etc.
   - Don't worry if you get an answer wrong – provided you check what the correct answer is, you are more likely to get the same or similar questions right in future!

Visit our website for more information about the benefits of these revision techniques and for further guidance on how to plan ahead and make them work for you.

www.collins.co.uk/collinsGCSErevision

Cynnwys   Contents

Topic-based Questions

Cymraeg Hanfodol – Essential Welsh   **4**

Iaith Bob Dydd – Everyday Language   **6**

Y Gorffennol – The Past   **8**

Edrych Ymlaen – Looking Ahead   **10**

Ymarfer Sgiliau Gwrando – Practising Listening Skills   **12**

Siarad – Speaking   **14**

Darllen – Reading   **16**

Ysgrifennu – Writing   **19**

Assessments

Unit 1: Oracy Response to Visual Stimulus   **22**

Unit 2: Communicating with Other People   **24**

Unit 3: Narrative, Specific and Instructional   **28**

Unit 4: Descriptive, Creative and Imaginative   **44**

Atebion – Answers   **59**

1 | Idiomau – Idioms

Defnyddiwch yr idiomau hyn mewn brawddegau:
Use these idioms in sentences:

[5 marks]

(i) a dweud y gwir

(ii) erbyn hyn

(iii) ar fy mhen fy hun

(iv) wrth gwrs

(v) does dim ots

2 | Cwestiynau – Questions

Cysylltwch y geiriau cwestiwn cywir â gweddill y frawddeg:
Connect the correct question word to the rest of the sentence:

[10 marks]

(i)	Pwy	(a)	rwyt ti'n 'nabod Gareth?
(ii)	Ble	(b)	gwaith rwyt ti wedi hedfan?
(iii)	Pam	(c)	fwyd sy'n dda i chi?
(iv)	Sut	(ch)	yw prif weinidog Cymru?
(v)	Faint o	(d)	mae hanner tymor?
(vi)	Sawl	(dd)	dylai'r Llywodraeth wneud i helpu?
(vii)	Faint o'r gloch	(e)	dwyt ti ddim yn hoffi chwaraeon?
(viii)	Pa fath o	(f)	rwyt ti'n mynd i'r gwely?
(ix)	Beth	(ff)	mae Tŷ Ddewi?
(x)	Pryd	(g)	bobl sy'n mynd i'r clwb nofio?

3 | Treigladau – Mutations

Mae camgymeriad treiglo ym mhob brawddeg wedi'i danlinellu. Ail-ysgrifennwch y brawddegau yn gywir:
There is a mutation mistake in each of these sentences which has been underlined.
Re-write the sentences correctly:

[8 marks]

(i) Rydw i'n <u>fynd</u> i'r ysgol am wyth o'r gloch.

(ii) Mae fy <u>frawd</u> yn mynd i Brifysgol Lerpwl.

(iii) Rhaid i Mam <u>gyrru</u> i'r dref fory.

(iv) Mae fy chwaer fach yn <u>pedair</u> oed.

(v) Aeth Alan adref o'r sinema am <u>deg</u> o'r gloch.

(vi)   Mae e wedi ysgrifennu dau <u>llyfr</u>.

(vii) Hoffwn i <u>byw</u> yn Sbaen.

(viii) Mae Gemma yn byw yn Llandrindod; dyma ei <u>gyfeiriad</u> hi.

4 | **Berfau** – Verbs ⟩

Dewiswch y ferf gywir i fynd ym mhob bwlch. Ar ôl gorffen bydd dwy ferf ychwanegol.
Select the correct verb to go in each space. After finishing there will be two extra verbs.

[10 marks]

dysgu	siarad	yfed	gwneud	gweithio	cytuno
codi	aros	cofio	dod	gadael	colli

(i)   Mae e wedi _____ peint o ddŵr yn barod heno!

(ii)   Fel arfer dw i'n _____ am hanner awr wedi saith i fynd i'r ysgol.

(iii) Mae fy ffrind Ian yn _____ Eidaleg yn y coleg.

(iv)   Mae Mam yn _____ gyda fi fod gormod o drais ar y teledu.

(v)   Dw i'n gallu _____ fy niwrnod cyntaf yn yr ysgol gynradd pan oeddwn i'n bedair oed!

(vi)   Mae e'n _____ i Mrs Jones.

(vii) Dydw i ddim eisiau _____ yr ysgol ar ôl TGAU.

(viii) "Wyt ti wedi _____ dy waith cartref?" gofynnodd Mam.

(ix)   Mae Rich, Sali, Mia a Robin i gyd yn _____ i fy mharti nos Wener.

(x)   Bydd rhaid i chi _____ tan fis Awst i gael eich canlyniadau.

5 | **Dyddiau a Misoedd** – Days and Months ⟩

Darllenwch y rhestr o ben-blwyddi a'u rhoi yn y drefn gywir am y flwyddyn:
Read the list of birthdays and put them in the correct order for the year:

[7 marks]

Enw	Dydd	Dyddiad	Mis
Ali	dydd Gwener	dau ddeg naw	Tachwedd
Jasmine	dydd Mercher	un deg dau	Mehefin
Iestyn	dydd Iau	dau ddeg wyth	Chwefror
Gill	dydd Iau	dau ddeg chwech	Medi
Nia	dydd Mawrth	tri	Rhagfyr
Phil	dydd Gwener	un	Mawrth
Ben	dydd Sadwrn	chwech	Gorffennaf

Iaith Bob Dydd | Everyday Language

1 Pynciau Ysgol – School Subjects

Beth ydy'r pynciau hyn yn Gymraeg?
What are these school subjects in Welsh?

[8 marks]

(i)			**(v)**		
(ii)			**(vi)**		
(iii)			**(vii)**		
(iv)			**(viii)**		

2 Cenedl Enwau – Gender of Nouns

Cyfieithwch yr ymadroddion hyn i'r Gymraeg:
Translate these phrases into Welsh:

[8 marks]

(i) a tall girl

(ii) a short boy

(iii) good children

(iv) a big dog

(v) a new programme

(vi) an interesting story

(vii) a stupid cat

(viii) a funny film

3 | Ateb Cwestiynau – Answering Questions >

Atebwch y cwestiynau yn gywir:
Answer these questions using the correct 'Yes' or 'No' form: [6 marks]

(i)   Wyt ti'n cefnogi tîm rygbi Cymru?

(ii)   Wyt ti'n gwylio S4C?

(iii)   Ydy dy ysgol di ar agor ar ddydd Sadwrn?

(iv)   Ydy dy rieni'n dod o Gymru?

(v)   Oes anifail anwes gyda ti?

(vi)   Oes hoff grŵp gyda ti?

4 | Sgwrs – Conversation >

Ad-drefnwch y sgwrs yn gywir:
Re-arrange the conversation correctly: [12 marks]

Ben	Ydy, dw i'n cytuno! Wyt ti'n hoffi gwylio athletau hefyd?	Liz	Dw i'n meddwl ei fod e'n chwaraewr ardderchog ac mae e'n Gymro da!
Ben	Ydyn, maen nhw'n dda iawn ond mae'n well gyda fi Jason Kenny. Mae e'n ennill popeth!	Liz	Ydy, dw i'n cytuno! Ac mae ei wraig Laura yn anhygoel hefyd!
Ben	Dw i'n hoffi gwylio pêl-droed hefyd. Dw i'n meddwl bod tîm pêl-droed Cymru yn anhygoel!	Liz	Dw i'n cytuno! Fy hoff chwaraewr ydy Joe Allen, dw i'n meddwl ei fod e'n wych. Pwy ydy dy hoff chwaraewr di?
Ben	A fi, dw i'n hoffi gwylio'r decathlon yn enwedig. Yn fy marn i dyna'r gystadleuaeth fwyaf cyffrous! Dw i'n dwlu ar seiclo hefyd. Wyt ti?	Liz	Ydw, dw i'n credu bod Elinor Barker a Becky James yn dda iawn.
Ben	Shwmae, Liz! Wyt ti'n hoffi chwaraeon?	Liz	Ydw, wrth gwrs! Dw i'n hoffi chwarae rygbi a dw i'n mwynhau gwylio pêl-droed. Beth amdanat ti?
Ben	Gareth Bale yn bendant. Beth rwyt ti'n feddwl amdano fe, Liz?	Liz	Ydw, dw i'n mwynhau rhedeg felly dw i wrth fy modd yn gwylio athletwyr proffesiynol fel Laura Muir. Dw i'n meddwl ei bod hi'n fendigedig!

Y Gorffennol — The Past

1 Cyfieithu – Translating

Cyfieithwch y brawddegau hyn i'r Gymraeg:
Translate these sentences into Welsh: [8 marks]

(i) My brother has learnt to drive.

(ii) I went to Cardiff on Saturday.

(iii) It was hot yesterday.

(iv) I saw Alex Jones in London.

(v) He went to Pembrokeshire.

(vi) She had fish for dinner.

(vii) I thought that the film was brilliant.

(viii) We moved to Aberystwyth when I was eight.

2 Yr Amser Gorffennol – The Past Tense

Ysgrifennwch ffurf gywir yr Amser Gorffennol yn y bwlch:
Write in the correct form of the Past Tense in the space: [6 marks]

(i) (prynu) _____ i ffrog newydd.

(ii) (colli) _____ nhw un deg pedwar pwynt i ddau.

(iii) (chwarae) _____ e dros dîm y sir.

(iv) (cofio) _____ Mam am y diwrnod dim gwisg ysgol!

(v) (gweld) _____ ni ffilm neithiwr.

(vi) (rhedeg) _____ i mewn ras 5K ddydd Sul.

3 Ateb Cwestiynau – Answering Questions

Atebwch y cwestiynau hyn mewn brawddegau yn Gymraeg:
Answers these questions in sentences in Welsh: [6 marks]

(i) Beth wnest ti neithiwr?

(ii) Sut roedd y tywydd ddoe?

(iii) Beth gest ti i frecwast y bore 'ma?

(iv) Faint o'r gloch godaist ti heddiw?

(v) Pa ffilm welaist ti ddiwethaf?

(vi) Est ti allan ar y penwythnos?

4 | Lluniau – Pictures

Darllenwch y brawddegau a thiciwch y llun cywir bob tro.
Read the sentences and tick the correct picture each time. [5 marks]

(i) Cysgais i drwy'r bore.			
(ii) Arhoson ni mewn pabell.			
(iii) Aethon ni mewn awyren.			
(iv) Dringodd e'r creigiau.			
(v) Talodd hi am y diodydd.			

5 | Cwblhau Brawddegau – Completing Sentences

Gorffennwch y brawddegau hyn yn Gymraeg:
Complete these sentences in Welsh: [6 marks]

(i)   Ar ôl cael cinio ...

(ii) Roedd hi'n bwrw glaw ddydd Sul felly ...

(iii) Roedd pen tost gyda fi ond ...

(iv) Prynais i grys newydd achos ...

(v)   Roeddwn i'n hapus iawn y bore 'ma ...

(vi) Mae Jac wedi trefnu ...

1 | Gorchmynion – Commands

Llenwch y gorchmynion cywir yn y bylchau yn y neges hon:
Fill in the correct commands in the gaps in this message: [5 marks]

Annwyl Bawb

_____ ar benwythnos antur yng nghanol Bae Caerdydd!

Cyfle i drio:

Rafftio dŵr gwyn

Cwch cyflym

Canŵio

Sglefrio

i gyd mewn un penwythnos! 31 Mai–2 Mehefin

Am fwy o fanylion _____ i'n gwefan: www.urdd.cymru

_____: caerdydd@urdd.org neu _____:

02920 635678.

** _____ eich ffurflen gais i mewn erbyn Mai 17.

Hwyl am y tro

Sioned

---

2 | Cysylltu Brawddegau – Connecting Sentences

Cysylltwch y brawddegau Cymraeg â'r brawddegau Saesneg cywir:
Connect the Welsh sentences to the correct English sentences: [8 marks]

(i)	Dylwn i adolygu heddiw.	(a)	We should drink three litres of water a day.
(ii)	Bydda i'n un deg saith oed ym mis Hydref.	(b)	We shouldn't eat too much fat.
(iii)	Hoffen nhw ddysgu Cymraeg hefyd.	(c)	I'd like to speak Welsh every day.
(iv)	Bydd e'n aros dros nos heno.	(ch)	They'd like to learn Welsh too.
(v)	Faswn i byth yn gwisgo siwt i barti.	(d)	I should revise today.
(vi)	Hoffwn i siarad Cymraeg bob dydd.	(dd)	I will be seventeen in October.
(vii)	Dylen ni yfed tri litr o ddŵr y dydd.	(e)	I would never wear a suit to a party.
(viii)	Ddylen ni ddim bwyta gormod o fraster.	(f)	He will stay overnight tonight.

3 | Amser y Ferf – Tenses

Llenwch y bylchau yn y brawddegau gan ddewis y gair cywir o'r dewis o 3:
Fill in the gaps in the sentences below by choosing the correct word from the 3 choices: [5 marks]

(i) .... i fynd allan ond mae Mam eisiau help yn y tŷ.

   Hoffwn / Bydda / Bydd

(ii) .... ni fwyta llawer o lysiau gwyrdd fel bresych a sbigoglys.

   Bydda / Dylen / Bydd

(iii) .... i byth yn cymryd cyffuriau, maen nhw mor beryglus.

   Faswn / Bydda / Baswn

(iv) .... Owain fod yn ddeintydd yn y dyfodol.

   Hoffwn / Hoffai / Bydd

(v) .... coesau tost gyda fi fory ar ôl rhedeg hanner marathon!

   Basai / Bydda / Bydd

4 | Cwblhau Brawddegau – Completing Sentences

Gorffennwch y brawddegau hyn yn Gymraeg:
Complete these sentences in Welsh: [6 marks]

(i)   Dylwn i ...

(ii) Bydd hi'n boeth yfory felly ...

(iii) Mae rhaid i fi ...

(iv) Pe baswn i'n ...

(v)   Dewch i ...

(vi) Ddylen ni ddim ...

Go to the S4C clip 'Campau Cosmig' at: www.collins.co.uk/page/collinsgcserevision/flashcards and click on the link 'WJEC GCSE Welsh'.

1 Cliwiau heb Sain – Clues without Sound

- **Gwyliwch y clip 'Campau Cosmig' ddwywaith *heb sain*.**
  Watch the clip 'Campau Cosmig' twice *without sound*.   [10 marks]

(i) **Ble mae'r sgwrs yn digwydd?**   [2]
   Where does the conversation happen?

(ii) **Pwy sydd yn y clip?**   [2]
   Who is in the clip?

(iii) **Beth maen nhw'n trafod?**   [2]
   What are they discussing?

(iv) **Wyt ti'n gallu codi unrhyw wybodaeth arall?**   [2]
   Can you pick out any other information?

(v) **Sut mae'r bobl yn teimlo?**   [2]
   How do the people feel?

2 Cynnwys y Clip – Clip Content

- **Nawr gwyliwch y clip 'Campau Cosmig' ddwywaith *gyda sain*.**
  Now watch the 'Campau Cosmig' clip twice *with the sound on*.

- **Ticiwch y geiriau ac ymadroddion hyn pan rydych chi'n clywed nhw:**
  Tick these words and phrases when you hear them mentioned: [12 marks]

ap newydd	brawddeg	yn y gofod	gweld, clywed ac ailadrodd
arhosfan bws	tu allan i'r dosbarth	ymarfer a dysgu Cymraeg	gemau
i ddysgwyr	Pob lwc!	yn bendant	dewis thema

3 | Deall Geiriau ac Ymadroddion – Understanding Words and Phrases >

- **Mae'r geiriau a'r ymadroddion hyn i gyd yn cael eu defnyddio yn y clip. Beth ydy eu hystyron yn Saesneg?**

  These words and phrases are all used in the clip. What are their English meanings?   [12 marks]

- **Gwyliwch y clip eto i'ch helpu chi i weithio allan yr ystyron.**

  Watch the clip again to help you work out the meanings.

(i)   **ap newydd**

(ii)   **i ddysgwyr**

(iii)   **yn y gofod**

(iv)   **ymarfer a dysgu Cymraeg**

(v)   **dewis thema**

(vi)   **brawddeg**

(vii)   **gweld, clywed ac ailadrodd**

(viii)   **arhosfan bws**

(ix)   **gemau**

(x)   **tu allan i'r dosbarth**

(xi)   **yn bendant**

(xii)   **Pob lwc!**

4 | Cwestiynau Trafodaeth – Discussion Questions >

- **Dewiswch hyd at bump o gwestiynau hoffech chi ddefnyddio mewn trafodaeth am y clip.**

  Choose up to five questions you would like to use in a discussion about the clip.   [20 marks]

- **Rhowch eich atebion i'r cwestiynau rydych chi wedi dewis yn Gymraeg.**

  Give your answers to the questions you have chosen in Welsh.

Beth ydy 'Campau Cosmig'?	Beth rwyt ti'n feddwl am y syniad o apiau Cymraeg?	Sut rwyt ti'n hoffi dysgu iaith?
Beth mae Alun *(y cyflwynydd)* yn dweud am yr ap?	Wyt ti'n siarad Cymraeg tu allan i'r ysgol?	Wyt ti'n meddwl bod apiau yn gallu helpu pobl i ddysgu Cymraeg?
Hoffet ti chwarae gemau Cymraeg ar dy ffôn?	Oes plant gydag Aled? Sut rwyt ti'n gwybod?	Beth rwyt ti'n feddwl am ap 'Campau Cosmig?'

1 Trafod Clip – Discussing a Clip

Dwedwch yn Gymraeg:
Say in Welsh: [6 marks]

(i)   What did you think of the clip?

(ii)   Why was Greg worried?

(iii) What did Zoë think?

(iv)   What was Gwen doing?

(v)   What did Dan say about the centre?

(vi)   Why did Joe disagree?

2 Iaith Drafodaeth – Discussion Language

Cysylltwch y brawddegau Cymraeg â'r Saesneg cywir:
Connect the Welsh sentences to the correct English translations: [8 marks]

(i)	Wyt ti'n cytuno?	(a)	We should consider pollution too.
(ii)	A dweud y gwir, dw i ddim yn siŵr.	(b)	So, what do we think?
(iii)	Does dim syniad gyda fi.	(c)	What about you?
(iv)	Beth roeddet ti'n feddwl amdani hi?	(ch)	Do you agree?
(v)	Dylen ni ystyried llygredd hefyd.	(d)	To be honest, I'm not sure.
(vi)	Felly, beth rydyn ni'n meddwl?	(dd)	Would you say that?
(vii)	Faset ti'n dweud hynny?	(e)	What did you think of it?
(viii)	Beth amdanat ti?	(f)	I've got no idea.

3 Cyfeirio at Wybodaeth – Referring to Information

Dwedwch yn Gymraeg:
Say in Welsh: [6 marks]

(i)   What does the chart show?

(ii)   Did you know that salt is bad for you?

(iii) What are the people saying?

(iv)   What does the information say?

(v)   The big picture shows people throwing rubbish.

(vi)   The little picture shows children in school.

4 | Swigod Siarad – Speech Bubbles

Darllenwch y swigod ac am bob un gofynnwch gwestiwn trafodaeth grŵp a rhowch ateb:
Read the speech bubbles and for each one ask a group discussion question and answer it: [8 marks]

(i) Yr Ardal

> Mae sbwriel yn broblem fawr yn ein hardal ni. Does dim arian gyda'r cyngor i lanhau'r strydoedd a'r parciau. Mae pobl yn gweld sbwriel ac maen nhw'n meddwl ei bod hi'n iawn taflu mwy.
> Craig

- Cwestiwn:

- Ateb:

(ii) Dysgu Cymraeg

> Mae llawer o oedolion yn dysgu Cymraeg nawr. Yn y gorffennol doedd pob ysgol ddim yn dysgu Cymraeg felly dydy pawb ddim wedi cael yr un cyfle â ni.
> Donna

- Cwestiwn:

- Ateb:

1 | Geiriau wedi'u Treiglo – Mutated Words

Beth ydy sillafiad gwreiddiol y geiriau hyn? Beth ydy eu hystyr Saesneg?
What is the original Welsh spelling of these words? What are their English meanings?   [10 marks]

- ferch
- waith
- frawd
- gath
- dŷ
- bedair
- fyd
- fenyw
- deulu
- flwyddyn

2 | Cysyllteiriau – Connectives

Cwblhewch y brawddegau trwy ddewis y cysylltair mwyaf addas:
Complete the sentences by choosing the most appropriate connective: [8 marks]

mewn	tua	felly	rhwng
yn enwedig	ar ôl	tan	wedyn

(i)   Mae parti yn y pentref heno _____ mae fy ffrind Tom yn aros dros nos.

(ii)   Dw i'n mwynhau chwaraeon, _____ hwylio a nofio.

(iii) Ddydd Sadwrn chwaraeais i rygbi, _____ cwrddais i â Kate.

(iv)   Mae'r swyddfa _____ adeilad mawr yng nghanol Caerfyrddin.

(v)   Arhosais i yn yr ysgol _____ wyth o'r gloch neithiwr!

(vi)   Mae _____ mil o blant yn yr ysgol.

(vii) Mae Llangrannog _____ Cei Newydd ac Aberteifi.

(viii) _____ y sioe heno mae pawb yn mynd i gael parti.

3 Geiriau Cwestiwn – Question Words

Cysylltwch y gair cwestiwn â'r ateb posibl cywir:
Connect the question word with the correct possible answer: [8 marks]

• Ble?		• Achos dw i ddim yn hoffi pysgod.	
• Pryd?		• Un bach coch.	
• Pam?		• Tri.	
• Pwy?		• Ar y trên.	
• Pa fath o?		• Llynedd.	
• Sut?		• Ar Ynys Môn.	
• Sawl?		• Siwmper newydd.	
• Beth?		• Ein cymdogion.	

4 Trydydd Person – Third Person

Newidiwch y brawddegau hyn i'r ffurfiau trydydd person yn ôl y geiriau yn y cromfachau:
Change these sentences to the third person forms according to the words in brackets: [8 marks]

(i)   Does dim llawer o arian gyda fi.   (Gwyn)

(ii) Es i i'r coleg yn Abertawe.   (Lowri)

(iii) Dw i'n credu dylai ffrwythau a llysiau fod yn rhatach. (Kas)

(iv) Dw i eisiau teithio'r byd.   (she)

(v)   Rydyn ni'n defnyddio gormod o drydan.   (they)

(vi) Hoffwn i ddysgu ieithoedd eraill hefyd.   (Matthew)

(vii) Mae teulu mawr gyda ni.   (they)

(viii)Mae rhaid i fi weithio'n galed i basio TGAU.   (he)

5 | Cywir/Anghywir? – Correct/Incorrect?

Darllenwch y daflen wybodaeth am gwrs Cymraeg yn Nhŷ'r Gwrhyd ac atebwch y cwestiynau sy'n dilyn:

Read the information sheet about a Welsh course at Tŷ'r Gwrhyd and answer the questions that follow:

[5 marks]

Cwrs Cymraeg Haf

16–27 Gorffennaf 09:30–15:30

Tŷ'r Gwrhyd, Pontardawe

- Dosbarthiadau Cymraeg bob dydd, grwpiau darllen a gweithgareddau hwyl, i gyd yn Gymraeg.
- Dewis o lefelau ar gael:
  Mynediad – i bobl sydd newydd ddechrau dysgu Cymraeg
  Sylfaen – i bobl sydd wedi dysgu ers blwyddyn
  Canolradd – gallu cael sgwrs dda yn Gymraeg
  Uwch – bron yn rhugl

- Cost y cwrs: £35
- Yn cynnwys taith i Stiwdio Deledu Tinopolis ddydd Mercher 18 Gorffennaf. Bydd y bws yn mynd â ni i'r stiwdio a bydd taith o gwmpas.
  Mae rhaglenni fel *Prynhawn Da* a *Heno* yn cael eu ffilmio yno bob dydd.
- Mae lle i chwe deg o bobl ar y cwrs.
- Rhaid cofrestru cyn Gorffennaf 7fed. Dim mynediad i'r cwrs ar ôl y dyddiad yma.
- Fydd dim bwyd yn y pris ond mae hi'n bosibl prynu brechdanau, te a choffi yn siop y ganolfan neu mae croeso i chi ddod â phecyn bwyd gyda chi.
- Am fwy o fanylion e-bostiwch Siân: cymraeg@tyrgwrhyd.cymru neu ffoniwch 07766 887887.

Ticiwch y grid i ddangos beth sy'n gywir neu'n anghywir.

Tick the grid to show what is correct or incorrect.

		Cywir	Anghywir	
(i)	Mae'r cwrs yn hirach nag wythnos.			[1]
(ii)	Mae tair lefel ar gael ar y cwrs.			[1]
(iii)	Rhaid talu'n ychwanegol am y trip.			[1]
(iv)	Mae mwy na 50 o bobl yn gallu mynd ar y cwrs.			[1]
(v)	Mae pris y cwrs yn cynnwys bwyd.			[1]

1 | Ysgrifennu E-bost – Writing an E-mail

Ysgrifennwch e-bost at ffrind yn rhoi manylion parti rydych chi eisiau mynd iddo fe.
Write an e-mail to a friend giving the details of a party you want to go to.

[5 + ✓ = 5] = [10 marks]

Rhaid i chi gynnwys:	You must include:
• pryd mae'r parti • ble mae'r parti • pam rydych chi eisiau mynd • gofyn i'ch ffrind ddod • trefniadau am gyrraedd y parti	• when is the party • where is the party • why you want to go • ask your friend to come • arrangements for getting to the party

2 | Cyfieithu – Translation

Cyfieithwch yr hysbyseb hon i'r Gymraeg:
Translate this advert into Welsh:

[10 marks]

> Big news! There will be a new job in the Play Centre, starting Monday 24 June.
>
> Must be able to speak Welsh.
>
> 18 hours per week.
>
> If interested contact the office for more details and ask for Amanda Parry.

_____

_____

_____

_____

_____

_____

3 | **Prawfddarllen** – Proofreading

Mae 10 camgymeriad ar y poster yma. Nodwch y cywiriadau yn y grid isod.
There are 10 mistakes on this poster. Note the corrections in the grid below. [10 marks]

Cyngerdd Haf Côr y Sir
Eisiau mwynhau cerddoriaeth yn yr haul_
Dod i'n cyngerdd haf nos **Ferched** 12 **Gorfennaf**
Maer côr yn codi arian am eu taith i'r Eidal!
Pris tocynnau: **Pedwar** punt
E-bostio Jan: janjones3@corcanu.com am fwy o **gwybodaeth**
Bydd hi'n hapus i **help**.
Croeso i **pawb!**

1.	2.	3.	4.	5.
6.	7.	8.	9.	10.

4 | **Ysgrifennu Estynedig** – Extended Writing

Ysgrifennwch erthygl i gylchgrawn lleol ar broblemau pobl ifanc.
Write an article on young people's problems for a local magazine. [12 + ✓ = 13] = [25 marks]

Gallwch chi gynnwys:

- **problemau yn y cartref**
- **problemau yn yr ysgol**

- **problemau gyda'r cyfryngau cymdeithasol**
- **ymateb pobl ifanc**
- **syniadau am sut i helpu**

(tua 150 gair)

You can include:

- problems in the home
- problems in school
- problems with social media
- young people's response
- ideas about how to help

(approximately 150 words)

Collins

GCSE Welsh Second Language
Unit 1: Oracy Response to Visual Stimulus

TGAU

CYMRAEG AIL IAITH

UNED 1

PRAWF A

YMATEB AR LAFAR I SBARDUN GWELEDOL

COPI'R YMGEISYDD

GWYBODAETH I YMGEISWYR

Cewch hyd at 10 munud i baratoi'r dasg hon gyda'ch partner/grŵp.

Dylech wylio'r clip ddwy waith a gwneud nodiadau ar y daflen.

Uned 1 (50 marks)
Gwrando – Listening 30
Siarad – Speaking 20

Ar ôl yr amser paratoi byddwch chi'n mynd i mewn i'r ystafell arholi at eich athro i drafod y clip. Gellir mynd â'r daflen hon **yn unig** i'r ystafell arholi.

Ni chaniateir defnyddio geiriaduron nac unrhyw adnoddau eraill wrth baratoi.

INFORMATION FOR CANDIDATES

You have up to 10 minutes to prepare this task with your partner/group.

You should watch the clip twice and make notes on the sheet.

*After the preparation time you will go in to the examination room to your teacher to discuss the clip. You may **only** use this sheet during the assessment.*

The use of dictionaries or any other resource is forbidden.

TAFLEN GOFNODI'R YMGEISYDD – CANDIDATE'S RECORDING SHEET

(Ni fydd y daflen hon yn cael ei marcio / This sheet will not be marked.)

1 **Gwyliwch y clip 'Campau Cosmig' a gwnewch nodiadau ar y daflen hon i'ch helpu i gofio'r manylion.**

Watch the clip 'Campau Cosmig' and make notes on this sheet to help you to remember the details.

Find the clip at: www.collins.co.uk/page/collinsgcserevision/flashcards and click on the link 'WJEC GCSE Welsh'.

2 **Trafodwch y clip gyda'ch partner/grŵp.**

Discuss the clip with your partner/group.

Campau Cosmig

(cyflwynydd: Alun Williams)

Ticiwch y bocs cywir bob tro:

Tick the correct box each time:

Wedi adolygu ap 'Alun yr Arth ar y Fferm'	Alun	Aled
Wedi gwneud ap 'Campau Cosmig'	Alun	Aled
Ap 'Campau Cosmig'. Ble?	Ar y fferm	Yn y gofod
Cynnwys yr ap	Gemau	Gwaith
Ffordd o:	Gweld Copïo Ysgrifennu'r gair	Gweld Clywed Ailadrodd y gair
Chwarae'r ap?	Arhosfan bws	Ysgol
Ap: Faint o amser?	Awr	Pum munud
Barn: Neis bod gemau Cymraeg tu allan i'r dosbarth	Alun	Aled
Barn plant: Cymraeg = dysgu yn yr ysgol	Alun	Aled
Plentyn Aled	12 oed	13 oed
Barn plentyn Aled:	ok	gwych

GCSE Welsh Second Language

Unit 2: Communicating with Other People

TGAU

CYMRAEG AIL IAITH

UNED 2

CYFATHREBU AG ERAILL

COPI'R YMGEISYDD

Uned 2 (50 marks)
Gwrando – Listening 10
Siarad – Speaking 40

GWYBODAETH I YMGEISWYR

Cewch hyd at 10 munud i baratoi'r dasg hon.

Gallwch wneud nodiadau a thrafod gyda'ch partner/grŵp yn ystod y cyfnod hwn.

Dewiswch un o'r testunau i'w drafod yn eich grŵp.

Ar ôl yr amser paratoi byddwch chi'n mynd i mewn i'r ystafell arholi at eich athro i drafod y testun rydych chi wedi'i ddewis.

Yn ystod y drafodaeth dylech gyfeirio at y wybodaeth ar y daflen.

Ni chaniateir defnyddio geiriaduron nac unrhyw adnoddau eraill wrth baratoi.

INFORMATION FOR CANDIDATES

You have up to 10 minutes preparation time.

You may make notes and discuss with your partner/group during this time.

Choose one of the topics to discuss in your group.

After the preparation time you will go in to the examination room to your teacher and discuss the topic you have chosen.

During the discussion you should refer to the information provided on the topic sheet.

The use of dictionaries or any other resource is forbidden.

Dysgu Cymraeg

Mae mwy a mwy o bobl yn dysgu Cymraeg ar-lein. Mae *Say Something in Welsh* a *Duolingo* yn boblogaidd iawn dros y byd!

Dw i'n byw yng Nghymru felly dw i eisiau siarad Cymraeg. Mae'n bwysig siarad iaith y wlad.

Mae dau o blant bach gyda fi sy'n mynd i ysgol Gymraeg felly dw i eisiau dysgu Cymraeg i helpu nhw gyda gwaith cartref.

Mae dros 15,000 o oedolion yn mynd i ddosbarthiadau dysgu Cymraeg yng Nghymru.

Dw i'n dysgu Cymraeg i helpu fy ngwaith. Mae llawer o'r cwsmeriaid yn siarad Cymraeg felly mae'n bwysig siarad â nhw yn Gymraeg.

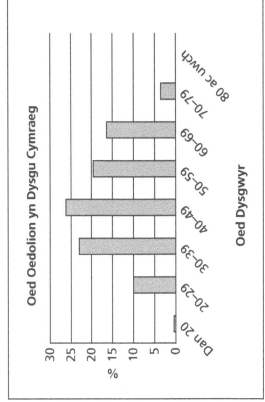

Oed Oedolion yn Dysgu Cymraeg

%

30 25 20 15 10 5 0

Dan 20 · 20–29 · 30–39 · 40–49 · 50–59 · 60–69 · 70–79 · 80 ac uwch

Oed Dysgwyr

Urdd

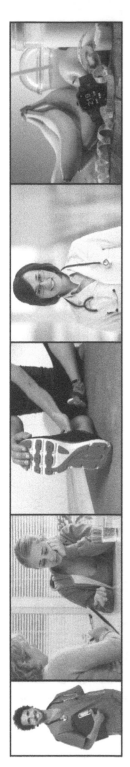

Iechyd

Dw i ddim yn ysmygu ond mae rhai o fy ffrindiau yn ysmygu. Dw i'n meddwl ei fod e'n arferiad ffiaidd.

Pobl ifanc 11–16 oed yng Nghymru yn yfed alcohol bob wythnos:

17% o fechgyn
14% o ferched

Mae pawb yn siarad am fwyta'n iach ac ymarfer corff ond beth am iechyd meddwl? Mae mwy a mwy o bobl ifanc yn dioddef o salwch meddwl.

Dw i'n hoffi bod yn iach felly dw i'n chwarae chwaraeon a dw i'n bwyta'n ofalus.

Gor-dewdra mewn pobl ifanc 11–16 oed yng Nghymru:

21% o fechgyn
15% o ferched

Yr Ardal

Dw i'n byw yng Nghaerdydd felly mae digon o bethau i'w wneud ond mae popeth yn costio llawer o arian.

Dw i ddim yn 'nabod y bobl drws nesaf!

Byw mewn dinas neu yng nghefn gwlad?

Mae 67% o boblogaeth Cymru yn byw mewn trefi a dinasoedd. Mae 33% o'r boblogaeth yn byw mewn ardaloedd gwledig.

Dw i'n 'nabod pawb yn ein stryd ni!

Dw i'n byw mewn pentref bach felly does dim llawer o gyfleusterau yn ein hardal ni, dim ond parc, caffi a neuadd y pentref.

Collins

GCSE Welsh Second Language

Unit 3: Narrative, Specific and Instructional

TGAU

CYMRAEG AIL IAITH

UNED 3

ADRODDIADOL, PENODOL A CHYFARWYDDIADOL

1 awr 30 munud

Adran	Cwestiwn	Marc uchaf	Marc Arholwr
A	1	3	
	2	4	
	3	9	
	4	17	
	5	10	
B	1	10	
	2	27	
C	1	20	
Cyfanswm		100	

CYFARWYDDIADAU

INSTRUCTIONS

Atebwch bob cwestiwn.

Answer all questions.

Ysgrifennwch eich atebion ar y llinellau a ddarperir yn y papur cwestiynau hwn.

Write your answers on the lines provided in this question paper.

Ni chaniateir defnyddio geiriaduron nac unrhyw adnoddau eraill.

The use of dictionaries or any other resource is forbidden.

GWYBODAETH

INFORMATION

Mae nifer y marciau wedi'i nodi mewn cromfachau ar ddiwedd pob cwestiwn neu ran o gwestiwn.

The number of marks is given in brackets at the end of each question or part-question.

Mae'r marciau ar gyfer cywirdeb mynegiant o fewn y cwestiynau yn cael eu nodi fel a ganlyn: [✓ = 2] ac ati.

Marks awarded for accuracy of expression within the questions are indicated as follows: [✓ = 2] etc.

ADRAN A

1 Rydych chi ar brofiad gwaith mewn canolfan Gymraeg. Mae'r pennaeth eisiau rhoi poster newydd ar yr hysbysfwrdd. Rhaid i chi ddewis y lluniau mwyaf addas i'r poster.

Rhowch ✓ o dan y lluniau mwyaf addas.

You are on work experience in a Welsh centre. The head wants to put up a new poster on the notice board. You must choose suitable pictures for the poster.

Put a ✓ under the most suitable pictures.

[3]

> Canolfan Gymraeg y Fedw
>
> ## Parti Haf Cymraeg i'r Teulu!
>
> Dydd Mercher Awst 21 14:00–17:00
>
>
> Yn Cynnwys:
>
> Canu, Crefftau ac Amser stori
>
> Am ddim i bawb!

2 Rydych chi wedi cael gwybodaeth am raglen deledu newydd i bobl sy'n dysgu'r Gymraeg. Rhaid i chi lenwi'r hysbyseb **yn Gymraeg** gyda'r wybodaeth bwysig.

You have received information about a new television programme for people learning Welsh. You must fill in the advert in Welsh with the important information.

[4]

Mae rhaglen newydd i bobl sy'n dysgu Cymraeg yn dod i'r sgrîn fach ym mis Medi. Bydd *Cwrdd â'r Bobl* ymlaen ar S4C bob bore dydd Sul am ddeg o'r gloch.

Mae *Cwrdd â'r Bobl* yn addas i bawb sy'n dysgu Cymraeg.

Bydd y rhaglen yn cynnwys cyfweliadau gyda Chymry ar draws y byd, rhai enwog a rhai sy'n newydd i chi, gobeithio!

Felly, cofiwch wylio er mwyn mwynhau a dysgu!

RHAGLEN DELEDU NEWYDD

Enw'r rhaglen: ....

Diwrnod: ....

Amser: ....

Addas i: ....

3 **(i)** Mae Tafwyl yn ŵyl Gymraeg yng Nghaerdydd gyda'r prif ddigwyddiad dros benwythnos ym mis Gorffennaf. Mae'n cynnwys bandiau, sioeau, bwyd a stondinau. Darllenwch y wybodaeth am bedwar o'r bandiau sy'n chwarae ac atebwch y cwestiynau **yn Gymraeg**.

Tafwyl is a Welsh festival in Cardiff with the main event being held over a weekend in July. It includes bands, shows, food and stalls. Read the information about four of the bands playing and answer the questions in Welsh.

[9]

	BAND PRES LLAREGGUB	CANDELAS	CALAN	SŴNAMI
WEDI FFURFIO	2015	2009	2009	2010
NIFER YN Y GRŴP	Wyth	Pump	Pump	Pump
MATH O GERDDORIAETH	Band pres hip hop	Roc	Gwerin/pop	Roc
DYDD	Sul	Sadwrn	Sadwrn	Sul
AMSER	13:00 a 18:30	16:30	12:00 a 16:00	19:30
LLWYFAN	13:00 – Mynedfa 18:30 – Prif Lwyfan	Prif Lwyfan	12:00 Llwyfan Acwstig 16:00 Prif Lwyfan	Prif Lwyfan

(a) Pa un yw'r grŵp mwyaf? _____ (1)

(b) Pa grŵp sy'n chwarae'n gyntaf? _____ (1)

(c) Beth sy'n debyg rhwng Candelas a Sŵnami? _____

_____ (2)

(ii) Mae'r grid isod yn rhoi gwybodaeth am stondinau bwyd Tafwyl. Astudiwch y wybodaeth yn ofalus.

The grid below gives information about Tafwyl food stalls. Study the information carefully.

Cwmni	Math o fwyd	I blant	Pris coffi	Nifer o staff yn gweithio
Asador 44	Cig Sbaenaidd	Stêc bach a sglodion	£2.95	chwech
Caffi Bankok	Bwyd Thai	Reis cyw iâr	£1.65	pump
Canna Deli	Tapas a salad	Brechdanau bach a ffrwythau	£2.00	pedwar
Ffwrnes	Pitsa	Pitsa bach caws a thomato	£1.75	pedwar
Milgi	Bwyd llysieuol	Byrgyr llysieuol	£1.70	pump
Mochyn Du	Selsig, byrgyrs a phasteiod	Cŵn poeth	£1.95	chwech
Pantri Pen-y-lan	Teisennau cartref	Bisgedi cartref	£2.40	tri

Nawr, darllenwch y datganiadau isod. Ticiwch y grid i ddangos beth sy'n gywir neu'n anghywir.

Now, read the statements below. Tick the grid to show what's correct or incorrect.

	Cywir	Anghywir	
Mae cyfanswm o fwy na 30 o bobl yn gweithio ar stondinau bwyd.			(1)
Ffwrnes sy'n gwerthu bwyd Eidalaidd.			(1)
Coffi Milgi ydy'r rhataf.			(1)
Mae Canna Deli yn gwerthu coffi am lai na dwy bunt.			(1)
I gael bwyd melys rhaid mynd i Bantri Pen-y-lan.			(1)

4 Darllenwch am grŵp cymdeithasol Cymraeg CACEN yn ardal Brighton ac atebwch y cwestiynau sy'n dilyn. [14 + ✓ = 3] = [17]

Read the information about CACEN, a Welsh-language social group in the Brighton area, and answer the questions that follow.

CACEN

Ydych chi'n byw yn ardal Brighton? Ydych chi eisiau siarad Cymraeg? Dewch i ymuno â grŵp CACEN am y cyfle i gwrdd â ffrindiau newydd a siarad Cymraeg!

Mae grŵp CACEN yn cwrdd bob nos Lun mewn tafarn yn ardal Brighton. Rydyn ni'n cael sgwrs yn Gymraeg ac yn helpu ein gilydd i ddysgu Cymraeg. Os hoffech chi gael sgwrs yn Gymraeg mae croeso mawr i chi ymuno â ni! Does dim ots os ydych chi'n rhugl neu'n dechrau dysgu, yr un yw'r croeso.

Unwaith y mis ar ddydd Sadwrn rydyn ni'n cwrdd i gael cinio a sgwrs. Rydyn ni'n cwrdd yn nhŷ un o'r grŵp ond does dim rhaid i un person goginio popeth. Rydyn ni i gyd yn dod â chyfraniad o fwyd neu ddiod ac mae pawb yn rhannu popeth!

Unwaith y flwyddyn rydyn ni'n cynnal eisteddfod fach ac mae pawb yn cymryd rhan gyda stori neu gerdd neu lun. Rydyn ni'n rhoi llwy garu i'r person sydd wedi gwneud y mwyaf o gynnydd yn eu Cymraeg dros y flwyddyn!

(i) Rhowch gylch o gwmpas yr ateb cywir.

Circle the correct answer.

a	I bwy mae CACEN?	Dechreuwyr	Pobl rugl	Pawb	(1)
b	Cwrdd mewn tafarn?	Yn fisol	Yn wythnosol	Yn achlysurol	(1)
c	Pwrpas grŵp CACEN?	Rhannu bwyd	Siarad Cymraeg	Gweld Brighton	(1)

(ii) Mae rhai o aelodau CACEN wedi mynegi barn am y grŵp. Darllenwch eu sylwadau yn ofalus.

A number of CACEN members have expressed their opinion about the group. Read their comments carefully.

Enw	Barn
Mark	Dechreuais i grŵp Cymraeg yn 2011 achos roeddwn i eisiau ymarfer siarad Cymraeg. Roeddwn i wedi dysgu siarad Cymraeg ond roeddwn i'n gwybod bod rhaid i fi ymarfer yn rheolaidd neu baswn i'n anghofio popeth! Wrth gwrs, does dim siopau Cymraeg neu ysgolion Cymraeg yn ardal Brighton felly mae'n anodd defnyddio'r Gymraeg o ddydd i ddydd. Yn 2014 penderfynon ni roi enw i'r grŵp, sef CACEN!
Val	Ymunais i â'r grŵp er mwyn dysgu Cymraeg. Dw i wedi bod yn dilyn cwrs Cymraeg ar-lein gyda fy merch sy'n byw yng Nghaerdydd. Mae hi'n siarad Cymraeg gyda'i phlant bach felly dw i'n credu ei bod hi'n bwysig bod Mam-gu yn gallu siarad Cymraeg hefyd! Dw i'n dwlu ar grŵp CACEN achos mae pawb yn cefnogi ei gilydd, rydyn ni i gyd eisiau dysgu siarad Cymraeg!
Rebecca	Dw i wrth fy modd yn dysgu Cymraeg a'r llynedd enillais i'r llwy garu yn Eisteddfod CACEN! Ces i'r wobr am wella fy Nghymraeg dros y flwyddyn. Roeddwn i mor hapus! Weithiau mae'n anodd dysgu Cymraeg yn Lloegr achos mae pawb yn byw yn bell i ffwrdd oddi wrth ei gilydd ond mae CACEN yn wych! Rydyn ni i gyd yn cael hwyl yn Gymraeg ac yn dysgu ar yr un pryd!

Beth ydy cryfderau CACEN yn ôl Mark, Val a Rebecca? Ysgrifennwch eich atebion **yn Gymraeg**.

*What are CACEN's strengths, according to Mark, Val and Rebecca? Write your answers **in Welsh**.*

CRYFDERAU	
•	(2)
•	(2)

Pa heriau sy'n wynebu CACEN yn ôl Mark, Val a Rebecca? Ysgrifennwch eich atebion **yn Gymraeg**.

*What are the challenges facing CACEN, according to Mark, Val and Rebecca? Write your answers **in Welsh**.*

HERIAU	
•	(2)
•	(2)

(iii) Rydych chi wedi darllen am grŵp CACEN. Ysgrifennwch at y grŵp **yn Gymraeg** yn gofyn 3 chwestiwn er mwyn cael gwybodaeth sydd ddim yn y darn darllen. Rhaid i'r cwestiynau fod yn berthnasol.

*You have read about the CACEN group. Write to the group **in Welsh** asking 3 questions in order to receive information that is not in the reading passage. The questions must be relevant.*

[3 + ✓ = 3] = **[6]**

1	
2	
3	

5 Mae angen hysbysebu gweithgaredd newydd. Rhaid i chi gyfieithu'r neges hon **i'r Gymraeg**.
*There is a new activity to be advertised. You must translate this message **into Welsh**.* **[10]**

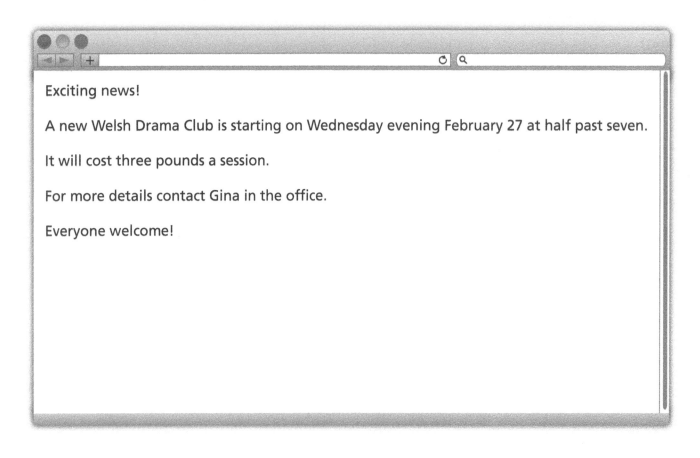

Exciting news!

A new Welsh Drama Club is starting on Wednesday evening February 27 at half past seven.

It will cost three pounds a session.

For more details contact Gina in the office.

Everyone welcome!

ADRAN B

1 Mae 10 camgymeriad yn y neges yma. Nodwch y cywiriadau yn y grid isod.

There are 10 mistakes in this message. Note the corrections in the grid below.

[10]

---

*Mwynhau chwaraeon_*

Yn eisiau: Person brwdfrydig_ cwrtais a gweithgar i **help** ar y Cynllun Chwarae.

- Dydd Llun–Dydd **Wener** trwy'r gwyliau

- **Pimp** awr y dydd

- Rhaid gallu:

    – nofio

    – chwarae **gydar** plant

    – siarad **cymraeg**

- Bydd o fantais gallu **gyrri**

- I ddechrau **Ebril** 6

Am fwy o fanylion **cysylltu** â'r swyddfa – 02920 557559

1	2	3	4	5
6	7	8	9	10

2 **Cais am Swydd** – Job Application   [24 + ✓ = 3] = **[27]**

(i) Darllenwch yr hysbyseb isod a llenwch y ffurflen **yn Gymraeg** er mwyn gwneud cais am y swydd. Dylech chi ddefnyddio brawddegau llawn lle bo'n bosibl.   (6)

*Read the advertisement below and complete the form **in Welsh** to apply for the job. You should use full sentences where possible.*

Canolfan Gymraeg y Fedw

Hysbyseb Swydd!

Yn eisiau: Person brwdfrydig i helpu trefnu gweithgareddau yn y ganolfan. Mae angen help gyda gwaith technoleg gwybodaeth, trefnu grwpiau sgwrsio, trefnu gemau i blant bach a'u teuluoedd, gwahodd siaradwyr i mewn, trefnu tripiau i leoedd diddorol a threfnu cystadlaethau.

Rhaid gallu gweithio mewn tîm.

Oriau gwaith: 9:00–17:00 dydd Llun i ddydd Gwener

Cyflog: £16,500 y flwyddyn

Am fwy o fanylion, cysylltwch â rheolwr y ganolfan.

	FFURFLEN GAIS
ENW	
Pa sgiliau neu brofiad perthnasol sydd gyda chi?	....(2)
Pam hoffech chi wneud cais am y swydd?	Rheswm 1: ....(2) Rheswm 2: ....(2)

(ii) Grid Gwybodaeth – Information Grid

Darllenwch y wybodaeth hon am Ganolfan Gymraeg y Fedw a llenwch y grid **yn Gymraeg**.

*Read this information about Y Fedw Welsh Centre and complete the grid **in Welsh**.*   **[15]**

Canolfan Gymraeg y Fedw

Tre'r Bont

Croeso!

Canolfan i bawb o bob oed ydy Canolfan Gymraeg y Fedw. Rydyn ni eisiau helpu pawb i ddefnyddio'r Gymraeg a chadw'r iaith yn fyw.

I bwy mae'r ganolfan?

Mae Canolfan Gymraeg y Fedw yn ganolfan i bawb! Dewch i ymuno â dosbarthiadau serameg a chadw'n heini, côr cymunedol, grwpiau sgwrsio, dosbarthiadau Cymraeg i bob lefel, clwb drama neu grŵp ukelele! Mae rhywbeth i bawb yma ac mae popeth yn Gymraeg!

Plant mewn ysgol Gymraeg?

Mae llawer o weithgareddau i blant o bob oed yn y ganolfan, er enghraifft Cylch Ti a Fi i rieni a phlant o dan 3 oed, cynllun chwarae gwyliau i blant ysgol gynradd a dosbarthiadau adolygu i bobl ifanc sy'n astudio ar gyfer TGAU neu Lefel A.

Paned

Mae 'Paned', caffi'r ganolfan, yn boblogaidd iawn hefyd gyda'r ymwelwyr. Beth am drefnu cwrdd â ffrind yma am baned a sgwrs neu efallai am ginio ysgafn? Mae cinio ar gael bob dydd am bum punt ac mae dewis da gyda ni o brydau iach a blasus!

Teithiau

Mae Canolfan Gymraeg y Fedw yn enwog hefyd am y teithiau rydyn ni'n trefnu! Bob mis rydyn ni'n trefnu taith i le diddorol. Mae teithiau diweddar wedi cynnwys Bannau Brycheiniog, Pentre Bach ac Amgueddfa Sain Ffagan a chyn hir byddwn ni'n ymweld ag Eisteddfod yr Urdd ac Ynys Bŷr. Ymunwch â ni am hwyl a sbri!

Canolfan Gymraeg y Fedw: y Gymraeg i bawb!

Oriau Agor: 09:00–21:00 Llun i Sadwrn

Canolfan Gymraeg y Fedw: Ble?	....	(1)
Pwrpas y ganolfan	....	(2)
I oedolion – pa weithgareddau?	....	(2)
I blant bach – pa weithgareddau?	....	(1)
I blant 5–11 oed – pa weithgareddau?	....	(1)
I blant ysgol uwchradd – pa weithgareddau?	....	(1)
Pris cinio 'Paned'?	....	(1)
Teithiau diweddar?	•.. •.. •..	(3)
Teithiau nesaf?	•.. •..	(2)
Ar agor: sawl diwrnod yr wythnos?	....	(1)

(iii) Mae'r papur lleol eisiau gwybod am waith y ganolfan. Rhaid i chi ysgrifennu darn byr **yn Gymraeg** yn esbonio beth mae'r ganolfan yn gwneud. Rhaid i chi: [3 + ✓ = 3] = **[6]**

a. esbonio beth sy'n digwydd yn y ganolfan (2)

b. annog pobl i ddefnyddio'r ganolfan (1)

The local paper wants to know about the centre's work. You must write a short piece in Welsh explaining what the centre does. You must:

a. *explain what happens at the centre (2)*

b. *encourage people to use the centre (1)*

ADRAN C   [10 + ✓ = 10] = **[20]**

1.   Ysgrifennwch erthygl **yn Gymraeg** yn annog pobl i ddysgu a defnyddio'r Gymraeg (tua 150 gair).

    Gallwch chi gynnwys:

- sut rydych chi'n gallu dysgu Cymraeg

- cyfleoedd i ddefnyddio'r Gymraeg

- manteision gallu siarad Cymraeg

- pobl enwog sy'n siarad Cymraeg

- eich barn chi am bwysigrwydd y Gymraeg

*Write an article **in Welsh** encouraging people to learn and to use the Welsh language (approximately 150 words).*

You can include:

- *how you can learn Welsh*

- *opportunities to use Welsh*

- *advantages of being able to speak Welsh*

- *famous people who speak Welsh*

- *your opinion about the importance of the Welsh language*

Collins

GCSE Welsh Second Language

Unit 4: Descriptive, Creative and Imaginative

TGAU

CYMRAEG AIL IAITH

UNED 4

DISGRIFIADOL, CREADIGOL A DYCHMYGUS

1 awr 30 munud

Adran	Cwestiwn	Marc uchaf	Marc Arholwr
A	1	7	
	2	9	
	3	19	
	4	15	
B	1	25	
C	1	25	
Cyfanswm		100	

CYFARWYDDIADAU

INSTRUCTIONS

Atebwch bob cwestiwn.

Answer all questions.

Ysgrifennwch eich atebion ar y llinellau a ddarperir yn y papur cwestiynau hwn.

Write your answers on the lines provided in this question paper.

Ni chaniateir defnyddio geiriaduron nac unrhyw adnoddau eraill.

The use of dictionaries or any other resource is forbidden.

GWYBODAETH

INFORMATION

Mae nifer y marciau wedi'i nodi mewn cromfachau ar ddiwedd pob cwestiwn neu ran o gwestiwn.

The number of marks is given in brackets at the end of each question or part-question.

Mae'r marciau ar gyfer cywirdeb mynegiant o fewn y cwestiynau yn cael eu nodi fel a ganlyn: [✓ = 2] ac ati.

Marks awarded for accuracy of expression within the questions are indicated as follows: [✓ = 2] etc.

ADRAN A

1 Mae Joe Allen yn chwaraewr pêl-droed llwyddiannus iawn dros Gymru. Darllenwch ychydig amdano isod.

Joe Allen is a very successful footballer for Wales. Read about him below.   **[7]**

Helo, Joe Allen ydw i ac rydw i'n chwarae pêl-droed! Ces i fy ngeni yng Nghaerfyrddin ym mil naw naw dim ac es i i Ysgol y Preseli yn Sir Benfro. Mae fy mrawd mawr, Harry, yn chwarae pêl-droed hefyd. Collodd e ei glyw pan oedd e'n dair oed ac mae e nawr yn chwarae dros dîm byddar Cymru.

Dw i wrth fy modd yn chwarae dros Gymru, dw i'n chwarae yn safle canol cae. Ym Mhencampwriaeth Ewro 2016 yn Ffrainc cyrhaeddon ni'r rownd gyn-derfynol ond collon ni dwy dim i Bortiwgal. Roedd y twrnamaint yn brofiad anhygoel i ni i gyd!

Priodais i yn 2014 ac mae fy ngwraig a fi yn hoffi gofalu am anifeiliaid. Mae merlod, geifr, cŵn ac ieir gyda ni. Rydw i'n teimlo'n gryf iawn yn erbyn creulondeb i anifeiliaid.

(i) Ticiwch ✓ y bocs priodol:

Blwyddyn geni Joe:	1989	1990	1999	(1)
Mae brawd Joe:	yr un oed â Joe	yn ifancach na Joe	yn henach na Joe	(1)
Mae Joe:	yn sengl	yn mynd i briodi	yn briod	(1)

(ii) Pa un sy'n gywir? Rhowch ✓ i ddangos yr ateb cywir. (2)

	✓
Collodd tîm Cymru yn rownd derfynol Ewro 2016.	
Roedd tîm Cymru yn rownd gyn-derfynol Ewro 2016.	
Doedd tîm Cymru ddim yn Ewro 2016.	

(iii) Pa un sy'n gywir? Rhowch ✓ i ddangos yr ateb cywir. (2)

	✓
Mae merlod yn unig gyda Joe a'i deulu.	
Mae llawer o anifeiliaid gyda Joe a'i deulu.	
Dydy teulu Joe ddim yn hoffi anifeiliaid.	

2 **(i)** Darllenwch sylwadau'r cyflwynydd radio o Gymru, Huw Stephens, a llenwch y grid **yn Gymraeg.** [9]

*Huw Stephens is a radio presenter from Wales. Read his comments and fill in the grid **in Welsh.***

> Rydw i wedi mwynhau cerddoriaeth ers i fi fod yn fachgen ysgol. Dechreuais i weithio fel cyflwynydd ar Radio Ysbyty yng Nghaerdydd pan oeddwn i'n bymtheg oed. Wedyn, pan oeddwn i'n ddeunaw oed ces i swydd yn chwarae cerddoriaeth ar *BBC Radio Un.* Roedd hi'n swydd anhygoel ac roeddwn i'n ifanc iawn!
>
> Dw i'n dwlu ar gerddoriaeth Gymraeg achos mae cymaint o amrywiaeth. Fy hoff fand Cymraeg oedd Gorky's Zygotic Mynci. Roeddwn i'n credu eu bod nhw'n fendigedig. Erbyn hyn dw i'n hoffi darganfod bandiau newydd a chwarae eu cerddoriaeth i bawb.
>
> Mae Dydd Miwsig Cymru ym mis Chwefror yn gyfle i bawb glywed cerddoriaeth newydd! Mae'n bwysig iawn dathlu ein cerddoriaeth yng Nghymru – mae'n wych!

	Huw Stephens	
Oed yn dechrau ar Radio Un?		(1)
Hoff grŵp Cymraeg?		(1)
Gwaith Huw nawr?		(1)
Eisiau cefnogi Dydd Miwsig Cymru – Pam?		(1)

(ii) Ydych chi'n hoffi gwrando ar gerddoriaeth? (1)

_____

Rhowch 2 reswm **yn Gymraeg**.

Give 2 reasons **in Welsh**.

Rheswm 1:

_____

_____ (2)

Rheswm 2:

_____

_____ (2)

3 **Darllenwch y gerdd yn ofalus.**
Read the poem carefully. [14 + ✓ = 5] = [19]

> **Chwaraeon**
>
> Mae'n gas gen i chwaraeon
> Fel rygbi, pêl-rwyd a phêl-droed.
> Mae'n well gen i ddarllen fy llyfrau,
> Neu stelc fach hamddenol, trwy'r coed.
>
> Mae gwisgo siwt nofio yn artaith,
> Mae 'nghoesau i'n denau fel brwyn,
> Ac mae'r gogls yn gwasgu fy llygaid
> A'r dŵr yn mynd fyny fy nhrwyn.
>
> Mewn campfa dwi'n teimlo fel estron,
> Wedi 'ngadael ar ryw blaned bell,
> Pan dwi'n meddwl fy mod i 'di llwyddo
> Mae pawb arall yn 'i wneud o yn well.
>
> Ond mewn _Trivial Pursuit_ dwi'n bencampwr,
> Ar wyddbwyll dwi'r gorau'n y wlad,
> Ac ar gardia, _Monopoly_ a _Scrabble_,
> Dwi hyd 'noed yn curo fy nhad.
>
> Lis Jones

(i) Ticiwch y 3 llun sy'n addas i roi ar boster o'r gerdd.

Tick the 3 pictures that are suitable for a poster of the poem. **[3]**

(ii) Rhowch gylch o gwmpas yr ateb cywir:

Circle the correct answer: **[6]**

a) Beth mae'r person yn hoffi?	darllen	rygbi	pêl-droed	nofio	(1)
b) Beth dydy'r person ddim yn hoffi?	gwyddbwyll	pêl-rwyd	Monopoly	Scrabble	(1)
c) Ble mae'r odl?	llyfrau/coed	llygaid/nhrwyn	bell/well	bencampwr/wlad	(1)

ch) Ydy'r person yn hoffi chwaraeon?   Ydy / Nac ydy   (1)

d) Ydy'r gerdd yn siarad am chwaraeon tîm?   Ydy / Nac ydy   (1)

dd) Ydy'r person yn well na Dad mewn gemau bwrdd?   Ydy / Nac ydy   (1)

(iii) Mae'r gerdd yn trafod hobïau un person ond beth am eich diddordebau chi?

Disgrifiwch eich amser hamdden **yn Gymraeg.**   [5 + ✓ = 5] = **[10]**

(a) Beth ydych chi'n hoffi gwneud yn eich amser hamdden? (1)

(b) Pam? (1)

(c) Beth dydych chi ddim yn hoffi gwneud yn eich amser hamdden? (1)

(ch) Pam? (1)

(d) Beth wnaethoch chi yn ystod y gwyliau diwethaf? (1)

The poem discusses one person's hobbies but what about your interests?

Describe your leisure time **in Welsh**.

(a) What do you like doing in your leisure time? (1)

(b) Why? (1)

(c) What don't you like doing in your leisure time? (1)

(ch) Why? (1)

(d) What did you do during the last holidays? (1)

_____

_____

_____

_____

_____

_____

_____

_____

_____

_____

_____

_____

_____

_____

4 Ysgrifennwch erthygl fer am eich ysgol **yn Gymraeg**.

Mae rhaid i chi:

[8 + ✓ = 7] = **[15]**

(i) siarad am beth rydych chi'n astudio (2)

(ii) siarad am eich ffrindiau (2)

(iii) siarad am ddigwyddiad neu weithgaredd rydych chi wedi cymryd rhan ynddo (2)

(iv) siarad am beth hoffech chi wneud ar ôl TGAU (2)

*Write a short article about your school **in Welsh**.*

You must:

(i) *talk about what subjects you study (2)*

(ii) *talk about your friends (2)*

(iii) *talk about an event or activity you have taken part in (2)*

(iv) *talk about what you would like to do after GCSEs (2)*

_____

_____

_____

_____

_____

_____

_____

_____

_____

_____

_____

_____

_____

ADRAN B

1 Darllenwch hanes y ddau berson ifanc yma yn cymryd rhan mewn cystadleuaeth chwaraeon leol. [25]

Read about these two young people taking part in a local all-round sports competition.

JÊN

Rydw i wrth fy modd gyda chwaraeon o bob math ac felly roeddwn i'n gyffrous iawn i weld cystadleuaeth newydd yn ein hardal ni fis diwethaf i 'Chwaraewyr Ifanc y Flwyddyn'.

Roedd rhaid dewis pump o chwaraeon allan o restr o ddeuddeg o chwaraeon posibl. Dw i ddim yn un dda am hoci felly doeddwn i ddim yn mynd i ddewis hwnna! Ond, roedd digon o ddewisiadau da eraill ar gael i fi ac yn y diwedd penderfynais i gystadlu yn yr athletau, trampolinio, pêl-rwyd a thenis. Wedyn, roedd rhaid dewis un chwaraeon hollol newydd felly es i am saethyddiaeth!

Roedd pedwar deg wyth o ferched yn cymryd rhan yn y gystadleuaeth ac roedd hi'n wych cwrdd â ffrindiau newydd a phawb, fel fi, yn mwynhau chwaraeon. Yn fy marn i mae chwaraeon yn ardderchog am ddod â phobl at ei gilydd. Roedd hi'n anodd gwybod sut roeddwn i'n gwneud yn y gystadleuaeth achos roedd llawer o bobl eraill a llawer o wahanol gampau yn mynd ymlaen! Triais i fy ngorau ym mhopeth wrth gwrs ac yn bendant roedd y saethyddiaeth yn well nag roeddwn i wedi disgwyl! Dw i'n credu fy mod i'n mynd i ymuno â chlwb ar ôl y gwyliau!

Ond, am syrpreis, ar ddiwedd y dydd pan oedd y trefnwyr yn cyhoeddi'r canlyniadau! Roeddwn i wedi dod yn gyntaf allan o'r holl ferched!

(i) Atebwch y cwestiynau **yn Gymraeg**. (10)

*Answer the questions **in Welsh**.*

a) Pryd roedd y gystadleuaeth?

_____ (1)

b) Faint o chwaraeon roedd rhaid gwneud?

_____ (1)

c) Pam doedd Jên ddim yn siŵr sut roedd hi'n gwneud?

_____ (2)

ch) Sut wnaeth Jên yn y gystadleuaeth?

_____ (2)

HUW

Dw i'n dwlu ar chwaraeon a fi ydy capten tîm rygbi'r ysgol felly roedd pawb yn dweud wrtha i am gystadlu yn 'Chwaraewyr Ifanc y Flwyddyn'. Dewisais i gystadlu mewn rygbi wrth gwrs, ond hefyd sboncen, gymnasteg a nofio. Wedyn, am fy chwaraeon newydd dewisais i ganŵio, roeddwn i wir yn edrych ymlaen at drio hwnna!

Ces i amser gwych trwy gydol y dydd, er ei fod e'n ddiwrnod prysur dros ben! Ar un adeg roedd galwadau i fi chwarae rygbi a nofio ar yr un pryd! Ar ddechrau'r prynhawn ces i dro yn canŵio ac roedd yn sbort! Wrth gwrs, cwympais i i mewn i'r dŵr ond a bod yn deg llwyddais i i rowlio lan yn iawn wedyn.

Roeddwn i'n nabod tua ugain o'r bechgyn eraill yn barod achos rydyn ni'n chwarae rygbi dros y sir gyda'n gilydd. Roedd pum deg wyth ohonon ni i gyd yn y gystadleuaeth ac yn bendant gwelais i gwpl o sêr y dyfodol! Roedd un bachgen anhygoel yn yr athletau, efallai Mo Farah Cymru fydd e!

Des i'n ddegfed yn y diwedd oedd yn iawn a dweud y gwir a ches i ganmoliaeth arbennig am fy sgiliau tîm. Mwynheais i'r diwrnod yn fawr iawn a dw i'n edrych ymlaen at un y flwyddyn nesaf yn barod! Dw i'n credu bod chwaraeon yn wych am ddysgu sgiliau bywyd i chi.

d) Beth ddigwyddodd yn y canŵio?

_____ (2)

dd) Oedd Huw yn hapus gyda'i ganlyniad?

_____ (2)

(ii) Nodwch un peth tebyg ac un peth gwahanol am brofiadau Jên a Huw. **[4]**

Note one thing that's similar and one thing that's different between Jên and Huw's experiences.

	JÊN	**a**	**HUW**
Beth oedd yn debyg?			(2)
Beth oedd yn wahanol?			(2)

(iii) Mae Jên yn dweud "Yn fy marn i mae chwaraeon yn ardderchog am ddod â phobl at ei gilydd."

Ydych chi'n cytuno? Rhowch reswm dros eich ateb **yn Gymraeg**. **[3]**

Jên says "In my opinion sport is excellent for bringing people together."

*Do you agree? Give a reason for your answer **in Welsh**.*

....

....

....

....

(iv) Mae Huw yn dweud "Dw i'n credu bod chwaraeon yn wych am ddysgu sgiliau bywyd i chi."

Ydych chi'n cytuno? Rhowch reswm dros eich ateb **yn Gymraeg**. [3]

Huw says "I think that sport is brilliant for teaching you life skills."

Do you agree? Give a reason for your answer in Welsh.

_____

_____

_____

_____

_____

(v) Pa chwaraeon newydd hoffech chi drio?

Rhowch 2 reswm dros eich dewis **yn Gymraeg**. [5]

Which new sport would you like to try?

Give 2 reasons for your choice in Welsh.

_____

_____

_____

_____

_____

ADRAN C

1. Ysgrifennwch lythyr at eich cyngor lleol yn gofyn iddyn nhw gynnig chwaraeon newydd yn eich ardal leol.   (tua 150 gair)   [12 + ✓ = 13] = [25]

Gallwch chi gynnwys:

- esboniad o bwy ydych chi

- eich diddordeb mewn chwaraeon

- pa chwaraeon newydd rydych chi eisiau gweld

- rhesymau dros eich dewisiadau

- awgrymiadau ar sut i fynd ati

Write a letter to your local council asking them to offer some new sports in your local area. (approximately 150 words)

You can include:

- *an explanation of who you are*

- *your interest in sport*

- *which new sports you would like to see*

- *reasons for your choices*

- *suggestions as to how to go about it*

_____

_____

_____

_____

_____

_____

_____

_____

_____

Pages 4–5 Cymraeg Hanfodol – Essential Welsh

1. Example answers: [5 marks]
   (i) Dw i'n gwybod bod gwyddoniaeth yn bwysig ond a dweud y gwir mae'r gwersi'n ddiflas iawn.
   (ii) Rydyn ni wedi gwerthu llawer o docynnau heddiw ac erbyn hyn maen nhw i gyd wedi mynd.
   (iii) Doedd neb arall eisiau dod i'r dref felly es i i siopa ar fy mhen fy hun.
   (iv) "Oes rhaid i fi fynd i'r ysgol heddi, Mam?" gofynnodd Ed. "Wrth gwrs!" dwedodd Mam.
   (v) "Wyt ti eisiau chwarae pêl-droed neu rygbi?" gofynnodd Jim. "Does dim ots, dw i'n hoffi'r ddau", dwedodd Dafydd.

2. [10 marks]
   (i) ch
   (ii) ff
   (iii) e
   (iv) a
   (v) g
   (vi) b
   (vii) f
   (viii) c
   (ix) dd
   (x) d

3. [8 marks]
   (i) Rydw i'n mynd i'r ysgol am wyth o'r gloch.
   (ii) Mae fy mrawd yn mynd i Brifysgol Lerpwl.
   (iii) Rhaid i Mam yrru i'r dref fory.
   (iv) Mae fy chwaer fach yn bedair oed.
   (v) Aeth Alan adref o'r sinema am ddeg o'r gloch.
   (vi) Mae e wedi ysgrifennu dau lyfr.
   (vii) Hoffwn i fyw yn Sbaen.
   (viii) Mae Gemma yn byw yn Llandrindod; dyma ei chyfeiriad hi.

4. [10 marks]

dysgu ✓	siarad	yfed ✓	gwneud ✓	gweithio ✓	cytuno ✓
codi ✓	aros ✓	cofio ✓	dod ✓	gadael ✓	colli

   (i) Mae e wedi yfed peint o ddŵr yn barod heno!
   (ii) Fel arfer dw i'n codi am hanner awr wedi saith i fynd i'r ysgol.
   (iii) Mae fy ffrind Ian yn dysgu Eidaleg yn y coleg.
   (iv) Mae Mam yn cytuno gyda fi fod gormod o drais ar y teledu.
   (v) Dw i'n gallu cofio fy niwrnod cyntaf yn yr ysgol gynradd pan oeddwn i'n bedair oed!
   (vi) Mae e'n gweithio i Mrs Jones.
   (vii) Dydw i ddim eisiau gadael yr ysgol ar ôl TGAU.
   (viii) "Wyt ti wedi gwneud dy waith cartref?" gofynnodd Mam.
   (ix) Mae Rich, Sali, Mia a Robin i gyd yn dod i fy mharti nos Wener.
   (x) Bydd rhaid i chi aros tan fis Awst i gael eich canlyniadau.

5. [7 marks]

	Enw	Dydd	Dyddiad	Mis
(i)	Iestyn	dydd Iau	dau ddeg wyth	Chwefror
(ii)	Phil	dydd Gwener	un	Mawrth
(iii)	Jasmine	dydd Mercher	un deg dau	Mehefin
(iv)	Ben	dydd Sadwrn	chwech	Gorffennaf
(v)	Gill	dydd Iau	dau ddeg chwech	Medi
(vi)	Ali	dydd Gwener	dau ddeg naw	Tachwedd
(vii)	Nia	dydd Mawrth	tri	Rhagfyr

Pages 6–7 Iaith Bob Dydd – Everyday Language

1. [8 marks]

(i)		Mathemateg
(ii)		Ffrangeg
(iii)		Hanes
(iv)		Cerddoriaeth
(v)		Daearyddiaeth

(vi)		Gwyddoniaeth
(vii)		Addysg gorfforol (*or* Ymarfer corff)
(viii)		Technoleg gwybodaeth

2. (i)   merch dal   [8 marks]
    (ii)   bachgen byr
    (iii) plant da
    (iv)   ci mawr
    (v)   rhaglen newydd
    (vi)   stori ddiddorol
    (vii) cath dwp
    (viii) ffilm ddoniol

3. (i)   Ydw/Nac ydw   [6 marks]
    (ii)   Ydw/Nac ydw
    (iii) Ydy/Nac ydy
    (iv)   Ydyn/Nac ydyn
    (v)   Oes/Nac oes
    (vi)   Oes/Nac oes

4.   [12 marks]

Ben	Shwmae, Liz! Wyt ti'n hoffi chwaraeon?	Liz	Ydw, wrth gwrs! Dw i'n hoffi chwarae rygbi a dw i'n mwynhau gwylio pêl-droed. Beth amdanat ti?
Ben	Dw i'n hoffi gwylio pêl-droed hefyd. Dw i'n meddwl bod tîm pêl-droed Cymru yn anhygoel!	Liz	Dw i'n cytuno! Fy hoff chwaraewr ydy Joe Allen, dw i'n meddwl ei fod e'n wych. Pwy ydy dy hoff chwaraewr di?
Ben	Gareth Bale yn bendant. Beth rwyt ti'n feddwl amdano fe, Liz?	Liz	Dw i'n meddwl ei fod e'n chwaraewr ardderchog ac mae e'n Gymro da!
Ben	Ydy, dw i'n cytuno! Wyt ti'n hoffi gwylio athletau hefyd?	Liz	Ydw, dw i'n mwynhau rhedeg felly dw i wrth fy modd yn gwylio athletwyr proffesiynol fel Laura Muir. Dw i'n meddwl ei bod hi'n fendigedig!

Ben	A fi, dw i'n hoffi gwylio'r decathlon yn enwedig. Yn fy marn i dyna'r gystadleuaeth fwyaf cyffrous! Dw i'n dwlu ar seiclo hefyd. Wyt ti?	Liz	Ydw, dw i'n credu bod Elinor Barker a Becky James yn dda iawn.
Ben	Ydyn, maen nhw'n dda iawn ond mae'n well gyda fi Jason Kenny. Mae e'n ennill popeth!	Liz	Ydy, dw i'n cytuno! Ac mae ei wraig Laura yn anhygoel hefyd!

Pages 8–9 Y Gorffennol – The Past

1. (i)   Mae fy mrawd wedi dysgu gyrru.   [8 marks]
    (ii)   Es i i Gaerdydd ddydd Sadwrn.
    (iii) Roedd hi'n boeth ddoe.
    (iv)   Gwelais i Alex Jones yn Llundain.
    (v)   Aeth e i Sir Benfro.
    (vi)   Cafodd hi bysgod i ginio.
    (vii) Roeddwn i'n meddwl bod y ffilm yn wych.
    (viii) Symudon ni i Aberystwyth pan oeddwn i'n wyth oed.

2. (i)   Prynais i ffrog newydd.   [6 marks]
    (ii)   Collon nhw un deg pedwar pwynt i ddau.
    (iii) Chwaraeodd e dros dîm y sir.
    (iv)   Cofiodd Mam am y diwrnod dim gwisg ysgol!
    (v)   Gwelon ni ffilm neithiwr.
    (vi)   Rhedais i mewn ras 5K ddydd Sul.

3. Example answers: [6 marks]

    (i)   Ces i de, gwnes i fy ngwaith cartref a gwyliais i ffilm.
    (ii)   Roedd hi'n braf ond yn wyntog.
    (iii) Ces i wy ar dost, iogwrt a sudd oren.
    (iv)   Codais i am chwarter i wyth.
    (v)   Gwelais i *System Danger* nos Sadwrn.
    (vi)   Do, es i i'r parc gyda fy ffrindiau.

4.   [5 marks]

(i) Cysgais i drwy'r bore.	✓
(ii) Arhoson ni mewn pabell.	✓
(iii) Aethon ni mewn awyren.	✓
(iv) Dringodd e'r creigiau.	✓
(v) Talodd hi am y diodydd.	✓

5. Example answers: [6 marks]
    (i)   Ar ôl cael cinio <u>es i â'r ci am dro i'r traeth</u>.
    (ii) Roedd hi'n bwrw glaw ddydd Sul felly <u>arhosais i yn y tŷ</u>
          <u>trwy'r dydd</u>.
    (iii) Roedd pen tost gyda fi ond <u>es i i'r ysgol beth bynnag</u>.
    (iv) Prynais i grys newydd achos <u>roeddwn i eisiau bod yn</u>
          <u>smart am y cyfweliad</u>.
    (v)   Roeddwn i'n hapus iawn y bore 'ma <u>achos roedd yr haul</u>
          <u>allan</u>!
    (vi) Mae Jac wedi trefnu <u>taith seiclo i'r Gŵyr ddydd Sul</u>.

Pages 10–11 Edrych Ymlaen – Looking Ahead

1.   [5 marks]

> Annwyl Bawb
>
> **Dewch** ar benwythnos antur yng nghanol Bae Caerdydd!
> Cyfle i drio:
>
> **Rafftio dŵr gwyn**
> **Cwch cyflym**
> **Canŵio**
> **Sglefrio**
>
> i gyd mewn un penwythnos! 31 Mai–2 Mehefin
> Am fwy o fanylion **ewch** i'n gwefan: www.urdd.cymru
> **E-bostiwch:** caerdydd@urdd.org neu **ffoniwch:** 02920
> 635678.
> ** **Anfonwch** eich ffurflen gais i mewn erbyn Mai 17.
> Hwyl am y tro
> Sioned

2. (i)   d   [8 marks]
    (ii) dd
    (iii) ch
    (iv) f
    (v)   e
    (vi) c
    (vii) a
    (viii) b

                                                      [5 marks]
3. (i)   <u>Hoffwn</u> i fynd allan ond mae Mam eisiau help yn y tŷ.
    (ii) <u>Dylen</u> ni fwyta llawer o lysiau gwyrdd fel bresych a
          sbigoglys.
    (iii) <u>Faswn</u> i byth yn cymryd cyffuriau, maen nhw mor
          beryglus.
    (iv) <u>Hoffai</u> Owain fod yn ddeintydd yn y dyfodol.
    (v)   <u>Bydd</u> coesau tost gyda fi fory ar ôl rhedeg hanner
          marathon!
4. Example answers: [6 marks]
    (i)   Dylwn i dacluso fy ystafell heno.
    (ii) Bydd hi'n boeth yfory felly bydda i'n torheulo yn yr ardd.
    (iii) Mae rhaid i fi brynu anrheg ben-blwydd i Mam.
    (iv) Pe baswn i'n byw yn Llundain baswn i'n gweld sioe bob
          nos!
    (v)   Dewch i'r traeth ddydd Sul gyda ni, bydd hi'n hyfryd!
    (vi) Ddylen ni ddim eistedd o flaen cyfrifiadur trwy'r nos.

Pages 12–13 Ymarfer Sgiliau Gwrando – Practising Listening
                                                        Skills

1. (i)   Yn Chapter.   [2]
    (ii) Mae Alun (y cyflwynydd) ac Aled Richards.   [2]
    (iii) Maen nhw'n trafod gemau ar y cyfrifiadur.   [2]
    (iv) Mae Aled yn dangos y gemau Cymraeg. Mae
          lluniau o blanedau yn y gêm. Mae teulu gydag Aled.
          Mae Aled yn chwerthin yn y clip.   [2]
    (v)   Maen nhw'n hapus ac yn cael hwyl.   [2]
2. Each box ticked = 1 mark.
3. (i)   a new app   [1]
    (ii) for learners   [1]
    (iii) in space   [1]
    (iv) practising and learning Welsh   [1]
    (v)   choose a theme/topic   [1]

(vi)   a sentence   [1]
(vii) see, hear and repeat   [1]
(viii) bus stop   [1]
(ix)   games   [1]
(x)   outside the classroom   [1]
(xi)   definitely   [1]
(xii) Good luck!   [1]

4. Example answers given below. Accept any 5 suitable
    responses.   [20 marks]
    • Beth ydy 'Campau Cosmig'?
      Mae 'Campau Cosmig' yn ap newydd gyda gemau i helpu
      pobl i ymarfer a dysgu Cymraeg.
    • Beth rwyt ti'n feddwl am y syniad o apiau Cymraeg?
      Rydw i'n meddwl ei fod e'n syniad da iawn achos mae
      pawb yn hoffi chwarae ar apiau ac mae'n fwy o hwyl na
      gwersi yn yr ysgol.
    • Sut rwyt ti'n hoffi dysgu iaith?
      Dw i'n hoffi gwrando ar gerddoriaeth Gymraeg a gwylio
      gemau rygbi yn Gymraeg.
    • Beth mae Alun (y cyflwynydd) yn dweud am yr ap?
      Mae Alun yn dweud ei bod hi'n neis bod gemau yn Gym-
      raeg tu allan i'r dosbarth.
    • Wyt ti'n siarad Cymraeg tu allan i'r ysgol?
      Nac ydw achos does neb yn fy nheulu i'n siarad Cymraeg a
      dydy fy ffrindiau ddim yn siarad Cymraeg.
    • Wyt ti'n meddwl bod apiau yn gallu helpu pobl i ddysgu
      Cymraeg?
      Ydw, achos maen nhw'n hwyl ac rwyt ti'n gallu chwarae'r
      gemau unrhyw bryd unrhyw le.
    • Hoffet ti chwarae gemau Cymraeg ar dy ffôn?
      Hoffwn weithiau ond ddim trwy'r amser!
    • Oes plant gydag Aled? Sut rwyt ti'n gwybod?
      Oes, mae llun ohono fe gyda'i deulu yn ei swyddfa.
    • Beth rwyt ti'n feddwl am ap 'Campau Cosmig'?
      Rydw i'n meddwl ei fod e'n edrych yn hwyl. Hoffwn i drio
      fe! Dw i'n credu basai fy mrawd bach yn hoffi fe hefyd!

Pages 14–15 Siarad – Speaking

1.   [6 marks]
    (i)   Beth roeddet ti'n feddwl am y clip?
    (ii) Pam roedd Greg yn poeni?
    (iii) Beth roedd Zoë yn meddwl?
    (iv) Beth roedd Gwen yn gwneud?
    (v)   Beth ddwedodd Dan am y ganolfan?
    (vi) Pam roedd Joe yn anghytuno?
2.   [8 marks]
    (i)   (ch)
    (ii) (d)
    (iii) (f)
    (iv) (e)
    (v)   (a)
    (vi) (b)
    (vii) (dd)
    (viii) (c)
3.   [6 marks]
    (i)   Beth mae'r siart yn dangos?
    (ii) Oeddet ti'n gwybod bod halen yn ddrwg i chi?
    (iii) Beth mae'r bobl yn dweud?
    (iv) Beth mae'r wybodaeth yn dweud?
    (v)   Mae'r llun mawr yn dangos pobl yn taflu sbwriel.
    (vi) Mae'r llun bach yn dangos plant yn yr ysgol.
4. (i)   Example answers: [8 marks]

> • Wyt ti'n meddwl bod ein hardal ni'n debyg i
>   ardal Craig? [2]
> • Ydw, mae'n broblem gyffredin dw i'n meddwl.
>   Mae'n bwysig cadw'r ardal yn lân neu bydd
>   pobl yn meddwl eu bod nhw'n gallu taflu sbwriel
>   unrhyw le. [2]

(ii) Example answer:

> - Wyt ti'n 'nabod oedolion sy'n dysgu Cymraeg? [2]
> - Ydw, mae Mam wedi bod yn dysgu ers tair blynedd. Mae hi'n meddwl ei bod hi'n bwysig iawn siarad iaith y wlad ac mae hi eisiau helpu fi gyda fy ngwaith TGAU! [2]

Pages 16–18 Darllen – Reading

1. [10 marks]
- merch — girl/daughter
- gwaith — work
- brawd — brother
- cath — cat
- tŷ — house
- pedair — four (feminine)
- byd — world
- menyw — woman
- teulu — family
- blwyddyn — year

2. [8 marks]
- (i) Mae parti yn y pentref heno <u>felly</u> mae fy ffrind Tom yn aros dros nos.
- (ii) Dw i'n mwynhau chwaraeon, <u>yn enwedig</u> hwylio a nofio.
- (iii) Ddydd Sadwrn chwaraeais i rygbi, <u>wedyn</u> cwrddais i â Kate.
- (iv) Mae'r swyddfa <u>mewn</u> adeilad mawr yng nghanol Caerfyrddin.
- (v) Arhosais i yn yr ysgol <u>tan</u> wyth o'r gloch neithiwr!
- (vi) Mae <u>tua</u> mil o blant yn yr ysgol.
- (vii) Mae Llangrannog <u>rhwng</u> Cei Newydd ac Aberteifi.
- (viii) <u>Ar ôl</u> y sioe heno mae pawb yn mynd i gael parti.

3. [8 marks]

• Ble?	→	• Ar Ynys Môn.	
• Pryd?	→	• Llynedd.	
• Pam?	→	• Achos dw i ddim yn hoffi pysgod.	
• Pwy?	→	• Ein cymdogion.	
• Pa fath o?	→	• Un bach coch.	
• Sut?	→	• Ar y trên.	
• Sawl?	→	• Tri	
• Beth?	→	• Siwmper newydd.	

4. [8 marks]
- (i) Does dim llawer o arian gyda <u>Gwyn</u>.
- (ii) <u>Aeth Lowri</u> i'r coleg yn Abertawe.
- (iii) <u>Mae Kas yn</u> credu dylai ffrwythau a llysiau fod yn rhatach.
- (iv) <u>Mae hi</u> eisiau teithio'r byd.
- (v) <u>Maen nhw'n</u> defnyddio gormod o drydan.
- (vi) <u>Hoffai Matthew</u> ddysgu ieithoedd eraill hefyd.
- (vii) Mae teulu mawr gyda <u>nhw</u>.
- (viii) Mae rhaid <u>iddo fe</u> weithio'n galed i basio TGAU.

5.

		Cywir	Anghywir	
(i)	Mae'r cwrs yn hirach nag wythnos.	✓		[1]
(ii)	Mae tair lefel ar gael ar y cwrs.		✓	[1]
(iii)	Rhaid talu'n ychwanegol am y trip.		✓	[1]

		Cywir	Anghywir	
(iv)	Mae mwy na 50 o bobl yn gallu mynd ar y cwrs.	✓		[1]
(v)	Mae pris y cwrs yn cynnwys bwyd.		✓	[1]

Pages 19–21 Ysgrifennu – Writing

1. Example answer: [5 + ✓ = 5] = [10 marks]

> Shwmae Vicky
>
> Mae parti nos Sadwrn[1] yn y Clwb Hwylio[1]! Dw i'n credu bydd hi'n wych achos mae llawer o bobl yn mynd ac mae'r band Jimmy Jâms yn chwarae[1]! Hoffet ti ddod gyda fi[1]? Mae'n dechrau am wyth o'r gloch felly beth am fynd tua hanner awr wedi? Hoffet ti ddod i'n tŷ ni yn gyntaf[1]?
>
> Gobeithio byddi di'n gallu dod!
> Hwyl am y tro
>
> Emma

2. [10 marks]

> Newyddion mawr[1]! Bydd[1] swydd newydd yn y Ganolfan Chwarae[1], yn dechrau ddydd Llun 24 Mehefin[1].
>
> Rhaid gallu siarad Cymraeg[1].
>
> 18 awr yr wythnos[1].
>
> Os oes diddordeb[1] cysylltwch â'r swyddfa[1] am fwy o fanylion[1] a gofynnwch am[1] Amanda Parry.

3. [1 mark each]

1.	2.	3.	4.	5.
?	Dewch	Fercher	Gorffennaf	Mae'r
6.	7.	8.	9.	10.
Pedair	E-bostiwch	wybodaeth	helpu	bawb

4. Example answer:
[12 + ✓ = 13] = [25 marks]

> Y dyddiau 'ma mae llawer o broblemau gyda phobl ifanc. Mae problemau yn y cartref, problemau yn yr ysgol a phroblemau gyda'r cyfryngau cymdeithasol. Mae rhai pobl yn trio dianc ac osgoi eu problemau ond mae help ar gael.
>
> Mae llawer o bobl ifanc yn wynebu problemau yn eu cartrefi. Mae teuluoedd yn cwympo mas, weithiau mae aelod o'r teulu yn sâl ac mae hyn yn rhoi straen ar bawb ac weithiau mae rhieni yn rhoi gormod o bwysau ar blant. Rydw i'n lwcus achos mae fy nheulu yn hyfryd ond mae ffrindiau gyda fi sydd ddim yn dod ymlaen gyda'u rhieni.
>
> Yn yr ysgol mae'r athrawon i gyd o dan bwysau felly maen nhw'n rhoi pwysau arnon ni. Dydy hi ddim yn deg! Rydw i'n credu dylen ni fwynhau yr ysgol ond rydyn ni'n clywed am dargedau, adolygu ac arholiadau trwy'r amser! Dw i wedi cael hen ddigon yn barod! Ar ôl TGAU hoffwn i fynd i'r coleg. Mae mwy o ryddid yn y coleg a dw i eisiau bod yn fwy annibynnol.

Mae llawer o broblemau heddiw yn dod o gyfryngau cymdeithasol fel Facebook, Instagram a Twitter. Mae llawer o fwlian yn digwydd ac felly mae rhaid bod yn ofalus iawn gyda lluniau yn enwedig. Rydw i'n defnyddio Facebook ond dim ond i siarad gyda fy ffrindiau. Dydw i ddim yn derbyn pobl dw i ddim yn adnabod fel ffrindiau. Mae salwch meddwl yn gyffredin iawn gyda phobl ifanc a dw i'n meddwl bod llawer o bobl yn treulio gormod o amser ar eu ffonau yn lle siarad a chymdeithasu.

Mae rhai pobl ifanc yn ymateb i'w problemau trwy yfed gormod neu gymryd cyffuriau. Maen nhw eisiau dianc o'u problemau ac yn anffodus maen nhw'n meddwl eu bod nhw'n cŵl. Wrth gwrs, dydyn nhw ddim!

Mae help a chefnogaeth ar gael i bawb yn yr ysgol ond weithiau mae'r staff yn rhy brysur ac weithiau mae'n neis siarad â rhywun tu allan. Mae'n syniad da cael cwnsela neu ddechrau hobi newydd a chwrdd â phobl newydd.

Assessments

Unit 1

[50 marks]

Wedi adolygu ap 'Alun yr Arth ar y Fferm'	Alun ✓	Aled
Wedi gwneud ap 'Campau Cosmig'	Alun	Aled ✓
Ap 'Campau Cosmig'. Ble?	Ar y fferm	Yn y gofod ✓
Cynnwys yr ap	Gemau ✓	Gwaith
Ffordd o:	Gweld Copïo Ysgrifennu'r gair	Gweld Clywed Ailadrodd y gair ✓
Chwarae'r ap?	Arhosfan bws ✓	Ysgol
Ap: Faint o amser?	Awr	Pum munud ✓
Barn: Neis bod gemau Cymraeg tu allan i'r dosbarth	Alun ✓	Aled
Barn plant: Cymraeg = dysgu yn yr ysgol	Alun	Aled ✓
Plentyn Aled	12 oed ✓	13 oed
Barn plentyn Aled:	ok ✓	gwych

Unit 2

[50 marks]

Option 1: **Dysgu Cymraeg** – Learning Welsh

Some examples of questions to ask each other:
- Beth rwyt ti'n meddwl am oedolion yn dysgu Cymraeg?
- Ydy dy rieni'n dysgu Cymraeg?
- Wyt ti'n adnabod oedolion sy'n dysgu Cymraeg?
- Pam maen nhw'n dysgu?
- Ydyn nhw'n mwynhau dysgu Cymraeg?
- Wyt ti'n cytuno gyda'r farn ar y daflen ei bod hi'n bwysig siarad iaith y wlad?
- Mae 15,000 o bobl yn dysgu Cymraeg mewn dosbarthiadau. Ydy hi'n bwysig denu mwy o bobl?

- Pam wyt ti'n meddwl bod mwy o bobl yn dysgu Cymraeg yn eu pedwardegau?
- Wyt ti'n cytuno gyda'r farn ar y daflen bod y Gymraeg yn bwysig i'r gwaith?
- Wyt ti wedi gweld cyrsiau Cymraeg ar-lein?
- Pam wyt ti'n meddwl bod cyrsiau ar-lein yn llwyddiannus?
- Pam mae pobl yn dewis ysgol Gymraeg i'w plant?
- Hoffet ti fynd i ysgol Gymraeg?

Option 2: **Iechyd** – Health

Some examples of questions to ask each other:
- Wyt ti'n berson iach?
- Wyt ti'n meddwl am dy iechyd?
- Beth rwyt ti'n feddwl am ysmygu?
- Wyt ti'n ysmygu?
- Sut mae ysmygu yn ddrwg i chi?
- Pam mae gor-dewdra yn broblem mewn pobl ifanc?
- Pam mae mwy o fechgyn na merched yn pwyso gormod?
- Sut mae gwella iechyd pobl ifanc?
- Wyt ti'n gwneud ymarfer corff?
- Pam mae salwch meddwl yn broblem mewn pobl ifanc?
- Wyt ti wedi meddwi erioed?
- Pam mae pobl yn yfed gormod?
- Pam mae mwy o fechgyn na merched yn yfed?

Option 3: **Yr Ardal** – The Area

Some examples of questions to ask each other:
- Ble rwyt ti'n byw?
- Beth sydd yn dy ardal di?
- Hoffet ti fyw mewn dinas?
- Beth sy'n well am fyw yn y wlad?
- Beth ydy'r gwahaniaeth rhwng byw mewn dinas a byw yn y wlad?

Unit 3

ADRAN A

1. [3 marks: 1 mark for each correct tick]

2. [4 marks: 1 mark for each correct answer]

RHAGLEN DELEDU NEWYDD
Enw'r rhaglen: *Cwrdd â'r Bobl*
Diwrnod: Dydd Sul
Amser: Deg o'r gloch
Addas i: bawb sy'n dysgu Cymraeg

3. (i) **(a)** Band Pres Llareggub **(1)**
  (b) Calan **(1)**
  (c) Accept any two from: Mae pump aelod yn y ddau fand **(1)** mae'r ddau yn chwarae cerddoriaeth roc **(1)** ac mae'r ddau yn chwarae ar y prif lwyfan **(1)**

(ii)

	Cywir	Anghywir	
Mae cyfanswm o fwy na 30 o bobl yn gweithio ar stondinau bwyd.	✓		[1]
Ffwrnes sy'n gwerthu bwyd Eidalaidd.	✓		[1]
Coffi Milgi ydy'r rhataf.		✓	[1]
Mae Canna Deli yn gwerthu coffi am lai na dwy bunt.		✓	[1]
I gael bwyd melys rhaid mynd i Bantri Pen-y-lan.	✓		[1]

4. (i)

a	I bwy mae CACEN?	Dechreuwyr	Pobl rugl	(Pawb)	[1]
b	Cwrdd mewn tafarn?	Yn fisol	(Yn wythnosol)	Yn achlysurol	[1]
c	Pwrpas grŵp CACEN?	Rhannu bwyd	(Siarad Cymraeg)	Gweld Brighton	[1]

(ii) **Cryfderau** – Strengths: Accept any 2 strengths [2 marks each], e.g.:
  • Mae pawb yn cefnogi ei gilydd. [2]
  • Mae pawb yn cael hwyl yn Gymraeg ac yn dysgu ar yr un pryd. [2]

Heriau – Challenges: Accept any 2 challenges [2 marks each], e.g.:
  • Mae'n anodd defnyddio'r Gymraeg o ddydd i ddydd. [2]
  • Mae pawb yn byw yn bell i ffwrdd oddi wrth ei gilydd. [2]

(iii) Accept any 3 relevant questions which are not already answered [1 mark each], e.g.:
    1. Ym mha dafarn ydych chi'n cwrdd?
    2. Faint o bobl sy'n mynd i grŵp CACEN?
    3. O ble daeth yr enw CACEN?
[+ up to 1 mark per question for expression]

5.

Newyddion cyffrous![1]
Mae Clwb Drama Cymraeg newydd[1] yn dechrau[1] nos Fercher[1] am hanner awr wedi saith[1].
Bydd yn costio[1] tair punt[1] y sesiwn.
Am fwy o fanylion[1] cysylltwch â[1] Gina yn y swyddfa.
Croeso i bawb![1]

[10 marks: 1 mark for each correct phrase as noted]

ADRAN B
1. [1 mark each]

1. ?	2. ,	3. helpu	4. Gwener	5. Pump
6. gyda'r	7. Cymraeg	8. gyrru	9. Ebrill	10. cysylltwch

2. Example answers: [6 marks]

(i) • **Sgiliau neu brofiad** (Skills or experience) – [up to 2 marks for 2 skills and/or experience, e.g.:]
    - Rydw i'n dda iawn gyda thechnoleg gwybodaeth **(1)** ac mae profiad gyda fi o drefnu cystadlaethau **(1)**.

  • **Pam gwneud cais** (Why you would like to make an application) – [2 marks each for 2 reasons e.g.:]
    - Hoffwn i wneud cais am y swydd achos dw i'n hoffi trefnu gweithgareddau Cymraeg i bobl. **(2)**
    - Hoffwn i weithio gyda'r Gymraeg a gwella fy Nghymraeg fy hunan. **(2)**

(ii) [15 marks]

Canolfan Gymraeg y Fedw: Ble?	Tre'r Bont	[1]
Pwrpas y ganolfan	Helpu pawb i ddefnyddio'r Gymraeg (1) a chadw'r iaith yn fyw (1)	[2]
I oedolion?	Any two activities from: dosbarthiadau serameg, cadw'n heini, côr cymunedol, grwpiau sgwrsio, dosbarthiadau Cymraeg, clwb drama a grŵp ukelele	[2]
I blant bach?	Cylch Ti a Fi	[1]
I blant 5–11 oed?	Cynllun chwarae gwyliau	[1]
I blant ysgol uwchradd?	Dosbarthiadau adolygu TGAU a Lefel A	[1]

Pris cinio 'Paned'?	£5	[1]
Teithiau diweddar?	• Bannau Brycheiniog • Pentre Bach • Amgueddfa Sain Ffagan	[3]
Teithiau nesaf?	• Eisteddfod yr Urdd • Ynys Bŷr	[2]
Ar agor: sawl diwrnod yr wythnos?	Chwech	[1]

(iii) **(a)** explain what happens at the centre, e.g.: Mae dosbarthiadau Cymraeg, côr a grŵp ukelele **(1)** a hefyd mae caffi 'Paned' **(1)**. **[2 marks]**

(b) encourage people to use the centre, e.g.: Dewch i'r ganolfan! Mae croeso i bawb! **[1 mark]**

[+ up to 3 additional marks for understandable expression]

ADRAN C

1. Example answer:

Rydyn ni'n lwcus iawn yng Nghymru i gael ein hiaith ein hunain felly dw i'n credu ei bod hi'n bwysig iawn siarad Cymraeg! Mae llawer o oedolion yn dysgu Cymraeg nawr. Mae rhai pobl yn dysgu Cymraeg i helpu eu plant, mae rhai yn dysgu i helpu cael swydd ac ae rhai pobl yn dysgu achos maen nhw'n meddwl ei bod hi'n bwysig.

Mae llawer o ddosbarthiadau Cymraeg ym mhob ardal o Gymru ond hefyd mae'n bosibl dysgu Cymraeg ar-lein nawr gyda *Say Something in Welsh* neu *Duolingo*. Mae llawer o gyfleoedd i ddefnyddio'r Gymraeg hefyd. Wrth gwrs mae llawer o ysgolion Cymraeg ond hefyd mae gweithgareddau Cymraeg mewn canolfannau Cymraeg a Mentrau Iaith.

Mae gallu siarad Cymraeg yn fantais fawr wrth chwilio am swydd. Mae llawer o swyddi sydd eisiau pobl gyda sgiliau Cymraeg fel y Llywodraeth, cynghorau sir, y cyfryngau ac, wrth gwrs, dysgu. Os ydych chi'n siarad Cymraeg rydych chi'n gallu cymryd rhan yn y diwylliant hefyd fel cerddoriaeth Gymraeg, llyfrau a'r Eisteddfod.

Mae pobl fel Rhys Ifans, Jamie Roberts a Matthew Rhys yn siarad Cymraeg ac maen nhw'n falch iawn o'r iaith. Rydw i'n meddwl eu bod nhw'n fodelau rôl ardderchog i bobl ifanc Cymru.

Felly, siaradwch Gymraeg bob dydd. Os dydyn ni ddim yn siarad Cymraeg byddwn ni'n colli'r iaith!

[10 marks for content + 10 marks for expression]

Unit 4

ADRAN A

1. **(i)** 1990 **[1]**
yn henach na Joe **[1]**
yn briod **[1]**

(ii) Roedd tîm Cymru yn rownd gyn-derfynol Ewro 2016. ✓ **[2]**

(iii) Mae llawer o anifeiliaid gyda Joe a'i deulu. ✓ **[2]**

2. **(i)** 18 oed **[1]**
Gorky's Zygotic Mynci **[1]**
Darganfod bandiau newydd **[1]**
Achos mae'n gyfle i glywed cerddoriaeth newydd; *or* Mae'n bwysig iawn dathlu ein cerddoriaeth yng Nghymru. **[1]**

(ii) Ydw/Nac ydw **[1]**
[Accept 2 reasons – up to 2 marks each]

Simple reason: e.g. Dw i'n hoffi ymlacio. **[= 1 mark]**

Extended answer: e.g. Achos mae cerddoriaeth yn helpu fi i ymlacio ac anghofio am broblemau'r dydd. **[= 2 marks]**

3. **(i)** [1 mark for each correct tick]

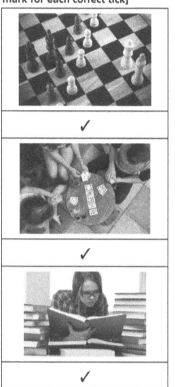

(ii) [1 mark for each correct circle]

a) Beth mae'r person yn hoffi?	darllen	rygbi	pêl-droed	nofio	[1]
b) Beth dydy'r person ddim yn hoffi?	gwyddbwyll	pêl-rwyd	Monopoly	Scrabble	[1]
c) Ble mae'r odl?	llyfrau/coed	llygaid/nhrwyn	bell/well	bencampwr/wlad	[1]

ch) Ydy / Nac ydy **[1]**
d) Ydy / Nac ydy **[1]**
dd) Ydy / Nac ydy **[1]**

(iii) Example answer:
Yn fy amser hamdden rydw i'n mwynhau chwarae tenis a rygbi[1]. Rydw i'n dwlu ar rygbi achos dw i'n hoffi chwarae gyda fy ffrindiau mewn tîm ond hefyd dw i'n hoffi tenis achos mae'n cymryd llawer o sgil ac mae'n llawer o hwyl[1].

A dweud y gwir dydw i ddim yn mwynhau nofio na rhedeg[1]. Dw i'n meddwl bod nofio yn ddiflas iawn, nofio lan a lawr mewn pwll am amser hir! Mae rhedeg yn undonog iawn hefyd[1] ond weithiau mae'n iawn gyda cherddoriaeth.

Yn ystod hanner tymor chwaraeais i mewn twrnamaint tenis

yn y dref[1]. Chwaraeais i senglau a dyblau gyda fy ffrind Isaac o'r clwb tenis. Enillais i dair gêm senglau ac enillodd Isaac a fi bob gêm yn y dyblau! Cawson ni amser da iawn ac roedd yn gyfle gwych i chwarae yn erbyn pobl wahanol.

[5 marks for content (as shown) + 5 marks for expression]

4. Example answer:

Rydw i'n mynd i Ysgol Uwchradd Llanidloes yng nghanolbarth Cymru. Rydw i ym mlwyddyn 11 ac rydw i'n astudio deg pwnc TGAU: mathemateg, Saesneg, Cymraeg, Ffrangeg, technoleg, cerddoriaeth, gwyddoniaeth ddwbl, celf a hanes.[2] Fy hoff bwnc i ydy cerddoriaeth achos rydw i'n dwlu ar chwarae'r gitâr mewn band a dw i'n meddwl bod y gwersi yn wych.
Mae tri ffrind da gyda fi yn yr ysgol ac rydyn ni yn yr un dosbarth[2]. Mae Mike a Sam yn wych mewn chwaraeon fel pêl-droed ac athletau ond mae'n well gyda Jacob a fi gerddoriaeth. Mae Jacob yn yr un band â fi, mae e'n chwarae'r drymiau.
Tymor diwethaf roedd ein dosbarth ni wedi trefnu stondin deisennau i godi arian i Oxfam[2]. Codon ni £85 ac roedd ein llun yn y papur lleol! Rydw i'n meddwl ei bod hi'n bwysig helpu pobl eraill.

Ar ôl TGAU hoffwn i aros ymlaen yn y chweched dosbarth. Hoffwn i astudio cerddoriaeth, technoleg a hanes am Lefel A[2]. Gobeithio bydda i'n gallu helpu gyda'r clwb gitâr yn yr ysgol achos dw i'n mwynhau dysgu plant ifanc.

[8 marks for content as marked + 7 marks for expression]

ADRAN B

1. (i) a) Mis diwethaf **[1]**
        b) Pump **[1]**
        c) Achos roedd llawer o bobl eraill a llawer o wahanol gampau yn mynd ymlaen. **[2]**
        ch) Enillodd Jên y gystadleuaeth. **[2]**
        d) Cwympodd Huw yn y dŵr ond rowliodd e lan eto. **[2]**
        dd) Oedd **[2]**

    (ii) For example:
Yn debyg:	Roedd Jên a Huw wedi mwynhau'r gystadleuaeth yn fawr iawn. **[2]**
Yn wahanol:	Roedd Jên wedi ennill y gystadleuaeth ond daeth Huw yn ddegfed. **[2]**

    (iii) For example: Ydw, dw i'n cytuno. **[1] [+ up to 2 marks for a reason]**
Simple reason:	Achos dw i'n hoffi chwarae pêl-droed gyda ffrindiau. **[= 1 mark]**
Extended answer:	Achos dw i wedi gwneud llawer o ffrindiau trwy chwaraeon. Mae'n ffordd dda o gymdeithasu a rhannu diddordeb a hwyl. **[= 2 marks]**

    (iv) For example: Ydw, dw i'n cytuno. **[1] [+ up to 2 marks for a reason]**
Simple reason:	Achos dw i'n gallu trefnu gêm bêl-droed gyda ffrindiau. **[= 1 mark]**
Extended answer:	Achos mewn chwaraeon rydych

chi'n dysgu cydweithio a threfnu pethau. Hefyd rydych chi'n dibynnu ar bobl eraill ac yn gwybod bod pobl eraill yn dibynnu arnoch chi. **[= 2 marks]**

    (v) For example: Hoffwn i drio hwylio. **[1] [+ up to 2 marks each for 2 reasons]**

Achos dw i'n mwynhau chwareon dŵr a bod yn yr awyr agored. **[2 marks]**

Achos dw i'n meddwl ei fod e'n gyffrous ac yn wahanol iawn i chwaraeon pêl. **[2 marks]**

ADRAN C

1. Example answer:

10 Ffordd y Coed
Llanidloes
SY18 6ED

Cyngor Sir Powys
Llandrindod
LD1 6AA

29 Medi

Annwyl Syr neu Fadam

Rydw i'n ysgrifennu atoch chi am chwaraeon yn ardal Llanidloes. Mike Rees ydw i ac rydw i'n ddisgybl Blwyddyn 11 yn Ysgol Uwchradd Llanidloes. Dw i'n dwlu ar lawer o chwaraeon ac yn yr ysgol rydyn ni'n chwarae pêl-droed, rygbi, athletau a phêl-fasged. Tu allan i'r ysgol dw i hefyd yn nofio a chwarae badminton.

Er bod rhai chwaraeon ar gael hoffwn i gael y cyfle i drio chwaraeon newydd. Rydw i'n meddwl ei bod hi'n bwysig trio chwaraeon newydd achos efallai byddwch chi'n darganfod pencampwr newydd! Mae rhai o fy ffrindiau yn yr ysgol yn meddwl bod chwaraeon yn eitha diflas ond rydw i'n credu dylen nhw drio rhywbeth newydd.

Rydw i'n meddwl basai'n dda cael y cyfle i drio chwaraeon fel bwrddhwylio, criced a rhwyfo. Rydyn ni'n lwcus gyda'r afon yn Llanidloes wrth gwrs! Mae rhai cyfleusterau ar gael ond mae angen rhai cyfleusterau newydd hefyd. Basai rhieni'r ardal yn hapus i helpu dw i'n siŵr achos mae pawb eisiau gwella'r ardal.

Ydy hi'n bosib cael cyfarfod i drafod gyda chi? Rydw i'n credu hoffai tua chwech o fy ffrindiau siarad â chi. Gallen ni gael cyfarfod yn yr ysgol ac efallai hoffech chi drafod gydag athrawon yr ysgol hefyd.

Diolch yn fawr iawn am ddarllen fy llythyr. Rydw i'n edrych ymlaen at glywed oddi wrthoch chi.

Yn gywir iawn

Mike Rees

[12 marks for content + 13 marks for expression]

Cydnabyddiaeth / Acknowledgements

The author and publisher are grateful to the copyright holders for permission to use quoted materials and images.

Diolch yn fawr iawn i'r canlynol am eu cymorth parod: Dafydd Roberts, Lona Evans, Val Lucas

Thanks to S4C for permission to licence video clip: Dal Ati Bore Da 'Campau Cosmig' (pages 12 and 23). Thanks also to Tafol Cyf.

Page 25 – Thanks to Urdd Gobaith Cymru for permission to reproduce their logo

Page 31 – Swnami ©Kirsten McTernan

Page 47 – *Chwaraeon* by Lis Jones from 'Chwarae Plant' edited by Myrddin ap Dafydd (1997), published by Gwasg Carreg Gwalch

All other images © Shutterstock.com

Every effort has been made to trace copyright holders and obtain their permission for the use of copyright material. The author and publisher will gladly receive information enabling them to rectify any error or omission in subsequent editions. All facts are correct at time of going to press.

Published by Collins
An imprint of HarperCollins*Publishers* Ltd
1 London Bridge Street
London SE1 9GF

HarperCollinsPublishers
Macken House
39/40 Mayor Street Upper
Dublin 1
D01 C9W8
Ireland

Author: Jo Knell
Commissioning Editors: Clare Souza and Charlotte Christensen
Editor: Charlotte Christensen
Project Manager: Elin Lewis
Indexing: Simon Yapp
Cover Design: Sarah Duxbury and Kevin Robbins
Inside Concept Design: Sarah Duxbury and Paul Oates
Text Design and Layout: Jouve India Private Limited
Production: Lyndsey Rogers
Printed in the UK, by Ashford Colour Ltd.